JN077484

英語のリズム・ハンドブック

渡 辺 和 幸 著

鷹書房弓プレス

は じ め に

　学生・生徒に英文を読ませたりする際に，個々の発音は何とか辛抱できても，全体の流れが余りにも英語ばなれしている，といったケースがよくあります。教師の側としても，個々の音はある程度訂正できても，リズムとかイントネーションとなると，なかなか直してやることが難しいものです。英語を話す場合も，文法的にどうにかつながり，理解できる文であれば，その他は問題にしないという傾向があるので，もう少し気持よく理解できるようにしようとか，自分の気持とか意図を正確に通じさせようという所までは考えが及ばないこともあって，一部の学生を除いては，日本語のリズムをかなり残したまま，悪戦苦闘しているのが実情です。

　自分の英語の発音をよりよくしたり，また学生・生徒の英語の発音を英語として理解しやすいものに直してやりたいと思っても，その点どのような所から手をつけていったらよいのかはっきり分からず，困っているのではないだろうかと思うのです。本書は，そういう人達のために書かれたのです。従来の発音とか音声学の教本は，リズムとかイントネーションについては，大まかにしか扱っていないので，英語のリズムとかストレス・

パターンを勉強しようとしても，十分に要求に応じてくれない
うらみがありました。そこで，もう少し詳細に，かつ具体的に
こういう問題を扱う本を書いてみたいと思い，小冊子にまとめ
てみたわけです。

　筆者の経験では，学生・生徒は英文を朗読する際に，意味を
無視して，調子よく読める所まで読み続け，コンマがあったら
休み，発音の難しい語があれば，ストップして考えながら（大
抵は間違って）発音し，意味のまとまりとか，全体的な文の音
声上の流れとかいうものは完全に無視して読んでいくことが，
余りにも多いのです。こういう朗読を聞いても，そのテキスト
なしでは英米人はおそらく理解できないでしょう。

　ずっと以前，ある高校生の英語弁論大会で，知人のイギリス
女性と一緒にスピーチを聞いていると，そのイギリス人が筆者
に「あの生徒のスピーチが分かるか。私には分からない。」と言
うのです。実は私もあまり分かりませんでした。その生徒の場
合は発音にも問題があったのですが，リズムにも大きな欠陥が
あったと思います。15,6年も前のことですから，弁論大会に出
場する程の高校生でもこういうことがあったのでしょうが，現
在ではこういう出場者はいないと思います。しかし，一般には
このような生徒が相当いるのではないでしょうか。

　英語のリズムと言えば，センス・グループのことを無視する
わけにはいきません。短い文の場合は途中で目立ったピッチの
変化をせずに，最後の強勢音節でピッチを大きく変化させて，

一応まとまった読み方なり，話し方になるわけですが，やや長い文になると，一つの文をいくつかのグループに分けて読んだり，話したりすることになります。この時，必ずしも途中でポーズを置くということを意味しているわけではありません。たとえば，次の文は一息で，

　　Áfter the gáme we hád a↘párty.

と言ってもよいし，二つの音調群に分けて，

　　Áfter the ↗gáme ⋮ we hád a↘párty.

とすることもできます。しかし，この場合に game のあとでポーズを置くという意味ではなく，意味のまとまったグループが音調の上からもまとまった単位となり，ピッチの流れに切れ目ができる，ということなのです。

　　長い文になればなる程，音調群の数が増えてきます。たとえば，次のような文は多くの音調群からできています。

　　The↘↗cónference, ⋮ which has béen in prepa↘↗rátion ⋮ for síx↘↗mónths, ⋮ is expécted to promóte scientific ↗tráining ⋮ and re ↗séarch ⋮ after séveral yéars of rélative inac↘tívity.（′は文強勢，↘は下降調，↗は上昇調，↘↗は下降したあと少し上昇することを示す。）これはニュース放送の一部ですが，聴取者にはっきりと内容を伝えるため，音調的にも工夫がなされ，聞きやすくなっています。むろん，速度をもっと早めれば音調群の数は減る可能性が大きくなるでしょう。たとえば，for six months は独立せずに前の音調群に入り込

み，and research も前の音調群の一部となることになるでしょう。すると次のような区切り方になります。

The conference, ⋮ which has been in preparation for six months, ⋮ is expected to promote scientific training and research ⋮ after several years of relative inactivity.

それでは，この音調群というのはどのような構造になっているのでしょうか。先ず音調群の中には第1強勢（primary stress）とも言われるべき一番強い強勢を受ける音節が必ず存在するということに注意しなくてはなりません。この強勢は他の文強勢よりも特に力を入れて発音する必要はありません。ただし，ある程度目立ったピッチの変化が聞かれることと，もう一つ重要な特徴は他の位置にある時よりもやや長く伸ばして発音するということなのです。本書では核強勢と呼んでいます。

結局この場合には，物理的な力よりもピッチの変化とか音節の長さが重要になってくるので，その点に留意して発音することが大切になってきます。たとえば，上の例の中で，con(ference), (prepa) ra (tion), train (ing), (re) search, (inac) tiv (ity) の各語の問題の音節は，確かに際立ったピッチの変化が認められ，やや引き伸ばされています。

朗読の際には，このピッチ変化はある一定のパターンをとることが多く，一般疑問文を除いて，文の終りの音調群では下降調となることが多く，それ以外の音調群は下降・上昇調か上昇調をとることが多いようです。そういう点に注意して読めば，

聞く人にとっても非常に分かりやすい朗読となります。

音調群は一つの意味上の単位をなすのが普通ですから，文法的な単位と一致することが多く，このようなことを頭に入れて，音調群に分解すればいいのです。したがって，非限定用法の関係節，たとえばwhich has been in preparation は別の音調群を作るのが普通ですし，長い副詞句（i.e. after several years of relative inactivity）も一つの音調群を作ることが多いのです。その他，音調群に分割する場合には，いろいろなことが考慮されますが，話す速度は特に密接な関係があることは前に触れました。

イントネーションについて余り予備知識のない読者もおられることと思い，必要と感じられる箇所で▶印をつけて，イントネーションに関する説明を加えております。少しでも参考になればと思います。

最後になりましたが，本書の出版を引き受けて下さった弓書房の経営者寺内由美子さんと校正に際してお世話になった編集の方に心から感謝いたします。

昭和54年11月

渡 辺 和 幸

英語のリズム・ハンドブック　目　次

1。英語のリズム

　英語のリズムが日本語のリズムとかなり違っていることは，英米人のしゃべる日本語を聞けばすぐ分かります。逆に日本人の読む英語もそのことを証明しております。英語では，発話の中で意味の上から重要な語が強く発音され，正確に言えば，重要な語の中で普通強勢を受ける音節が強く発音され，この強く言われる音節が時間的に大体同じ間隔を置いて現われる傾向があるわけですが，この現象が英語のリズムを作り出しているのです。

　強く発音される音節が，時間的に大体同じ間隔を置いて現われるということは，この強勢のある音節と音節の間にある，弱くそして軽く発音される一続きの音節の数が一定している，という意味ではないのです。弱く言われる音節の数は場合によって異なるのは当然なのです。次の例を見ましょう。

(1) Jóhn léarns ↘Frénch.

(2) Jóhn will léarn ↘Frénch.

(3) Jóhn will léarn some ↘Frénch.

(4) Jóhn will have léarnt some ↘Frénch.

上の四つの文で(1)から(4)へ進むにしたがって，弱い音節は途中

で増えていますが，たとえば(1)の Jóhn léarns と(4)の Jóhn will have léarnt を比べてみても，大体同じ時間で言われる傾向があるのです。

また同一の文でも，読む速度が違うと強勢の数にも変化が起こります。早く読めば，当然のことながら強勢の数は減少します。たとえば，

Why don't you go round and see her?

という文はゆっくり読むと，

Whý dón't you gó róund and ↘sée her?

となるでしょうが，自然の速度になると，強勢も減って，

Whý don't you go róund and ↘sée her?

のようになるでしょう。

次の例も，ゆっくり読んだ場合と自然の速さで読んだ場合の対照を示しています。

Is there ánybody hére who spéaks ↗Gérman? (slow)

Is there ánybody here who speaks ↗Gérman? (normal)

ここで，それでは文の中でどの語を強く読めばいいのか，ということが問題となってくるわけです。いかにイントネーションの練習をしても，どの部分で強く読んだり，言ったりするのか分からなければ，正しい意味や感情を相手にうまく伝えることができません。文の中でどの部分が他の部分よりも強く発音されるかということについては，ある程度ルールがあって，これを十分に理解しておけば，モデルがなくてもかなりうまく読

めるし，モデルがある場合には，自ら予想したストレス・パターンとモデルとを比較して，合っておれば自信がつくし，一致していない時は，どうして原則通りになっていないか検討しながら練習できるのです。

　実際には，文強勢に関する原則通りに話されたり，読まれたりするとは限らないのです。話し手，読み手の伝えたい内容，対照の含み，先行する文，速度などによって，文強勢のパターンも完全に変わるので，厳密には 100 パーセント有効な規則はありえないわけです。一番正確な言い方は，ある特定の文の中で，使用された文脈において重要であると認められる語のみが強勢を受ける，ということになります。同一の文でも，どういう文脈で使うかによって，それぞれの語の重要性は変わってきます。たとえば，次のような簡単な文でさえ意味内容によって，いろいろ読み方があることが分かります。

　Thís is a góod ↘bóok. [“これはいい本だ”という普通の意味]

　Thís is a ↘góod book. [“つまらない本でなくて，いい本だ”という意味]

　Thís is ↘á good book. [“いい本の一つだ”という意味]

　Thís ↘is a good book. [“確かにいい本である，お前の言うようにつまらないことはない”という意味]

　↘Thís is a good book. [“他の本でなく，この本は，いい本だ”という意味]

それに，どの文も同じ意味で使われていないことに注意しなくてはなりません。特に中心をなす強勢（第一強勢があって，ピッチの変化が聞かれる）の位置が文全体の意味に影響を与えていることに注意する必要があるのです。

　以上のようなことを先ず頭に入れて，普通の文脈にあると思われる文では，どのような語が強勢を受ける傾向が強いか，伝統文法でいう品詞別にこの現象を考察してみましょう。次に述べる規則は外国人学習者にとっては大きな目安となり，無限に作られる新しい文を正しく読んだり，話したりする上に非常な助けとなる筈です。強く発音される語としては，大ざっぱに言えば重要な意味内容を持った語ということになりますが，具体的には，名詞，動詞，形容詞，副詞，所有代名詞，疑問詞，指示代名詞，感嘆詞が考えられ，比較的強勢を受けにくいものは，人称代名詞，関係代名詞，接続詞，前置詞，冠詞などです。

2. 名 詞

a. 本来名詞は重要な意味を伝達するので，強勢を受けるのが普通です。

Wáit for the ↘*sígnal.* （信号を待て。）

The *tráin* léaves at ↘*tén.* （列車は10時発だ。）

The *próblems* are gréater than we ↘*thóught.* （問題はわれわれが考えていたよりは重大だ。）

Can I bórrow your ↗*wátch?* （君の時計をお借りできますか。）

Are you in a ↗*húrry?* （お急ぎですか。）

I've wrítten the *létter* in ↘*Énglish.* （手紙を英語で書きました。）

b. 名詞の中でも，thing, person, place, kind 等はそれ自体表わす意味が広く，具体的な情報を与えることが少ないので，他の語（特に形容詞）によって限定された形で用いられる可能性が強くなります。したがって，その限定する役目の形容詞に強勢が置かれ，問題の名詞は無強勢になることが多くなります。たとえば，次の2組の例を見て下さい。

Lét's go róund to my＼óffice. （私の会社へ寄ってみまし
ょう。）

Lét's go róund to ＼mý place. （私の家へ寄ってみましょ
う。）

He's an éasy *néighbour* to get ＼ón with. （かれは付き
合いやすい隣人だ。）

He's an éasy *person* to get ＼ón with. （かれは付き合い
やすい人だ。）

すなわち，office と neighbour がそれぞれ place と person に
代わると，強勢が他の語に移動したり，消滅したりしているこ
とに留意しましょう。

man, woman, people も同種の語で，白人の男は a ＼whíte
man（man にも多少強勢はありますが，表記しないことにし
ます），老人は ＼óld people のような強勢パターンになるのが
普通です。したがって a whíte ＼mán, óld ＼péople となって
いる場合は，他のものと対照させて言っていることになりま
す。たとえば，次の文では，黒人と白人，女性と男性のコント
ラストが認められます。

(My candidate for president is) a bláck ＼wóman.

その他，affair, business, kind, stuff, thing, youngster
についても，意味の中心は問題の名詞を限定している形容詞ま
たは名詞に移っていることが多いのです。

I imágine it was quíte a ＼ríotous *affair*. （相当騒々しい

ことだっただろうね。）

It was an ↘áwful *business* ┊ gétting them [=curtains] ↘áltered. （カーテンを作り直すのは大変なことだ。）

I dón't like ↘↗thát *kind* of a book. （ああいう種類の本は好きでない。）［この例では，ほかの種類の本との対照があるためにこのようになったと考える方がよいかもしれない。］［▶ that は下降調で発音するが，あとの語は除々に上昇していくタイプ］

Whý not that stícky ↘tápe *stuff?* （あの粘着性テープなんかどうなんだい。）

It is a góod *thing* we gót here ↘↗éarly. （ここへ早く着いたのはいいことだ。）［▶ early は大きく下降する音調で言い，そのあとすぐ少し上昇させる。ear- が下降し，-ly が上昇すると考えたらよい。］

He's máde ↗fríends ┊ with a ráther ↘níce *youngster.* （あの子はどうやらいい子と友達になった。）［二つの音調群からなっている。］

　次の例では，people は何ら限定を受けずに，無強勢で使われています。意味の点から考えても余り重要でもないし，直後に強勢のある音節が来ているというリズム上の理由もあるのです。

We're cóncentrating fírst on getting all the ↘frónt windows covered, ┊ so that *people* cán't look ín from the

＼stréet.（通りから人がのぞき込まないように，先ず正面の窓
をみなカーテンでおおうことに専念しています。）

c.　前に一度使われたわけでもないのですが，文脈とか前後
関係から重要性をなくした場合は無強勢になります。たとえ
ば，サッカーの試合を見て帰った主人と子供に対して，

Wás it a ⤴góod *match*? Díd you en⤴jóy the *game*,
Frank?

（いい試合だったの。フランク，試合は楽しかったの。）

という強勢のパターンを妻が用いることは普通にありうること
ですが，試合から帰ってきたばかりなので，尋ねる方と聞き手
の間では，match とか game は了解ずみの言葉となり，強勢を
消失してしまうのです。

d.　形容詞などに限定された名詞が内容的に余剰的なものと
なって，形式的に添えられていると解釈できる場合，強勢は置
かれません。

He has a léan and ＼húngry *look*.（かれはやせて，ひもじ
い顔つきをしている。）

What do you notice most about him?── His ＼tíred
expression.（かれについて一番目のつくことは何でしょう。
──疲れ切った表情です。）

e.　比較級が不可能な，次のような形容詞に限定された名詞
は強勢を受けません。

relígious instruction（宗教教育）〔ただし a relígious wóman（信心深い女）では意味の上から比較級になるので，名詞も強勢を受ける。]

a músical career（音楽家としての経歴）[ただし a músical vóice（音楽的な声）では強勢を受ける。]

an advísory committee（諮問委員会）

a theátrical agency（俳優仕事斡旋所）

a téchnical school（工業学校）

f.　固有名詞になった "…通り" の意味の Street は無強勢となります。

Óxford Street　　　　　Régent Street

Báker Street　　　　　Fléet Street

ただし，同じように通りの名でも，Road, Avenue, Lane, Mews, Terrace 等の場合は固有名詞でも強勢を失うことはありません。

Eúston Róad　　　　　Wóod Láne

Glóucester Méws　　　Stáfford Térrace

g.　特定の名詞ではないのですが，一種の複合語になった第二要素の名詞は通例強勢はありません。

The ⟍↗gárage man said ┆ it [=the car] wóuldn't be ⟍wórth it [=repair], ┆ as it's óver níne years ⟍óld.（「この車は 9 年余りにもなるのだから，修理のしがいがないでしょう。」と修理工が言った。）

The chíldren wént to a lárge ⟍fún fair.（子供たちは大

きな遊園地へ行った。）

　他に例はいくらでもありますが，少しばかり例を挙げてみましょう。

antíque shop	ápple tree
the Blóody Tower	bús station
crícket ball	depártment store
fíre engine	flóur mill
Gérman department	gólf ball
grámmar school	the Nátional Gallery
pérsonnél director	pícture gallery
púrchasing department	ráilway station
shóp assistant	spéech improvement
sún worship	táble tennis

　複合語でも，両方の名詞に強勢が置かれるものがあるので，注意が必要です。特に食物の一種を表わし，第二要素の語が重要な場合には，この例外的な強勢パターンになります。

hám ómelette	ápple píe
cóttage píe	pórk píe
chócolate púdding	mílk púdding
tomáto sándwich	físh sáuce
véal stéw	chérry brándy

　その他，両方の名詞が強勢を受けるものは相当数ありますが，少数だけ例を挙げておきます。詳しくは，11．複合語を見

て下さい。

hárvest féstival　　　　　kíd glóves

sáilor hát　　　　　　　　spríng béd

h.　固有名詞の前にあって，敬称とか親せき関係を示す名詞には，無強勢となるものがあります。Mr., Mrs., Miss, Uncle, Aunt 等日常よく使われる語がこの中に含まれます。

Cán I have an appóintment with *Mr.* ↗Jéffries? (ジェフリーさんと会う約束がとれますか。)

Mrs. ↘Brówn speaking. (こちらはブラウンです。)

Aunt ↘↗Súsan, ┊ do you remémber ↗Dóminique? (スーザン叔母さん，ドミニークのことを覚えていますか。)

I thóught you'd líke to méet *Aunt* Súsan and her ↘fámily again. (あなたはスーザン叔母さんとそのお家の皆さんにもう一度会いたいと思っているのだ，と私は考えていました。)

Uncle ↘↗Ríchard's ┊ nót súre they can ↘stáy ┊ till Jóan comes hóme for the Chrístmas ↗vác. (リチャード叔父さんは，ジョーンがクリスマス休暇で家に帰ってくるまで，かれらが滞在できるかどうか，はっきり分からないのです。)

Thát's *Uncle* ↘Árthur's car. (あれはアーサー叔父さんの車だよ。)

Cousin になると，以上の語よりも強勢を受けることは多くなります。

Mum was wríting to *Cousin*↘Jéannie↗lást night. (母は昨晩いとこのジーニーに手紙を書いていました。) [強勢がない。]

It múst be from *Cóusin*↘Jéannie. (いとこのジーニーからにちがいない。) [強勢を受けている。]

ところが，似たような用法であっても，次のように種類の異なった例では，強勢を維持しています。

I've júst seen *Cónstable*↘Wánnacot. (今ウォナコット巡査に会ったところだ。)

3. 代 名 詞

　一概に代名詞と言っても，それぞれ種類によって強勢の受け方は様々で，語によっても用法いかんによって，強勢を受けたり，受けなかったりします。したがって，主な代名詞について，個々に検討する必要があります。

3.1　人称代名詞

　a.　人称代名詞は一般に無強勢ですので，これを弱く発音する練習をしなくてはなりません。日本人の英語のリズムがよくないと言われる理由の一つは，私たちがこれらの代名詞を常に強く発音する傾向がある，ということなのです。特に目的格は，いわゆる弱形と呼ばれる弱い発音形式になるので，注意を要します。もし弱く読むべき代名詞に強勢を置いて読むと，他と対照させているかのような印象を与えることになります。

　I bóught *it* for *him* ↘yésterday.　（昨日かれにそれを買ってやった。）

　↘Kéep *it* for *them.*　（かれらにそれをとっておいてやりなさい。）

　I'll cóme and píck *you* ↘úp.　（あなたを迎えにまいります。）

He did *his* bést to be ↗éarly.　（早く来ようと最善を尽した。）

Can *she* have cáncelled *her* ap↗póintment?（一体彼女は約束を取り消したのだろうか。）

Whén shall *we* ásk *her* to↘cóme?（あの人にいつ来るようお願いしましょうか。）

b.　人称代名詞が強勢を受けることもありますが，主なものとしては，次のような場合があります。

⑴　他との対照の意味を含んでいる時で，かなり多く聞かれます。

He gáve it to↘*mé*, ┊ nót to↗*yóu*.（あの人はそれを私にくれたのです。あなたにではありません。）［me と you との対照］

Í've got a néw páir of↘shóes.（ぼくは新しいくつを持ってるよ。）［話し相手との対照，すなわち相手は新しいくつを持っていない。］

He wánts to spéak to↘*yóu*.（私の電話でなくて，あなたのよ。）［話し手と聞き手の対照］

↘↗*Í*'ll answer it.（私が電話に出るわ。）［話し手と周囲にいるものとの対照］

↘*Yóu* play better ┊ than↘↗*shé* does.（彼女より君の方がうまいよ。）［you と she の対照］

If *yóu*'ll look after the↗lúggage, ┊ *Í*'ll get the↘tíckets.

（あなたが荷物を見てくれていたら，私が切符を買いましょう。）
[you と I の対照]［▶ if 節のような副詞節は上昇調で言われ
ることが多い。]

(2)　命令文の主語は普通省略されていますが，明示されてい
る時は強勢をとります。

Yóu sit ↘dówn.（お坐りなさい。）

Yóu wáit till you cóme to Aus↘trália, Joan.（ジョー
ン，オーストラリアへ来るまでお待ちなさい。）

　したがって，印刷された文では，主語が表わされている命令
文と陳述文の間には一見差がありませんが，話された場合は明
瞭に違いが出てきます。

Yóu pút it ↘dówn.［命令文]

You pút it ↘dówn.［陳述文]

(3)　慣用的に使われる "that's it", "this is it" の中の it
は，強勢を受けると同時にピッチも変化します。

↘Thát's ↗*it*.（その通りだ。まさにそれだ。）

↘Yés, ┊I expéct that's ↘*it*.（そう，その通りだと思う。）

That's júst ↘*it*.（まさにその通り。）

↘Yés, ┊thís is ↗*it*.（そう，その通り。）

(4)　感嘆文の内容を持つ疑問文では，主語の人称代名詞も強
勢を受けます。文頭の助動詞も必ず強勢をとります。なお，こ
の種の疑問文は下降調で言われることにも注意しなくてはなり
ません。

Ám *Í* ＼húngry!（とてもおなかがすいたわ。）

Díd *hé* look an＼nóyed!（かれはとてもうるさがっている
ように見えたよ。）

Hás *shé* ＼grówn!（本当に大きくなったわね。）

(5)　電話で，「誰々に話したいのですが」と言った場合，「私
がその本人です」という時の人称代名詞もきまって強勢があり
ます。

Hello. Miss Jean Simmons, please.——Thís is ノ shé.
（「もしもし。ジーン・シモンズさんをお願いします。」——「は
い，私ですが。」）

3.2　再帰代名詞

　一般に yourself, himself などの強意用法は強勢を受け，再
帰用法で動詞の目的語となっている場合は無強勢となります。

a.　強意用法

You must gó *your* ＼*sélves*.（君達は自分で行かねばなりま
せん。）

They *them* ＼*sélves* decided to leave.（かれらは自分で去
る決心をした。）

We ＼ノtríed to do it ┆ *our* ＼*sélves* to ノ stárt with, ┆ but
Mary sóon gave úp in de ＼spáir.（私達は，先ず第一に自分
たちでそれをやろうとしたが，メアリが間もなく絶望してあき
らめた。）

She was ráther upsét she cóuldn't cóme *her＼sélf.* (彼女は自分自身来ることができないので，幾分ろうばいした。)

I＼néver ┊ shave *my＼sélf.* (私は自分でひげをそることはない。)

b. 再帰用法では，動詞の目的語となっていて，無強勢が普通です。

He's＼wéighing *himself.* (かれは体重を測っています。)

＼Pléase make *yourself* at ⟋hóme. (どうぞ気楽になさって下さい。)

He sáw *himself* in＼hóspital ┊ in a líttle nárrow＼béd. (病院の小さな狭いベッドにいる自分の姿を心に描いた。)

Now the móther had re＼cóvered *herself.* (今や母は落着きを取り戻していた。)

But I háven't lét *myself*＼thínk about ⟋thát. (しかしそのことを考えるようなことはしなかった。)

以上のような差が強勢の有無によって生じるので，一見同じような二つの文も全く違った意味を表わすこともあります。次の例を見て下さい。

⎰He＼ásked *himself.* (自らに尋ねた。)…①
⎱He ásked *him＼sélf.* (自分で尋ねた。)…②

①では asked は他動詞として用いられ，②では自動詞ということになります。

c. 前置詞の目的語になっていて，多かれ少なかれ慣用的に

使われているものは強勢を受けます。

Áre you just by *your* ↘*sélves?* (あなた方だけですか。)

He díd it by *him* ↘*sélf.* (かれはひとりでやった。)

It's a relíef when they begín to do a bit móre for *them-* ↘*sélves.* (かれらが自分でもう少しやってくれるようになると安心なのですが。)

I shall háve my róom to *my* ↘*sélf* again. (私の部屋をまたひとり占めにするようになります。)

Máry's been léft to *her* ↘*sélf* to a great ex↗tént. (メアリはしょっちゅうひとりぼっちであった。)

d. その他，習慣的に強勢を受ける慣用句をなしている場合もあります。

Hélp *yoursélves* to bréad and↗bútter, ┊ ↘wón't you?
(バターつきのパンを御自由にお取り下さい。)

Wóuld you mind hélping *your*↗*sélves?* (御自由に取っていただけますか。)

He was kíndness *it*↘*sélf.* (かれは非常に親切であった。)
〔強意用法の中に入れた方がよいかもしれない。〕

He's nót (feeling) *him*↘*sélf* today. (かれは今日気分がよくない。)

3.3 所有代名詞

mine, yours, his, hers など，所有代名詞は普通強勢を受

けます。

Ís there múch dámage to ↗*yóurs?*（君の（車）は損害は
ひどいですか。）

Hére's a↘hát;┊I↘thínk it's ↗*hérs.*（ここに帽子があり
ますが，彼女のだと思います。）

Whére's↘*hís?*（かれのはどこにありますか。）

3.4 指示代名詞

a. this, that, these, those のような指示代名詞は，代名
詞的用法の場合，強勢を受ける可能性は強いと言えます。

Thát's↘márvellous.（それはすばらしい。）

She's góing to expláin *thát* to↘mórrow.（それは明日彼
女が説明するよ。）

Is *thát* what your fáther and ↗móther gave you?（あれ
は君が御両親にもらったやつかい。）

Thís is the príce-list for the↘suítcases.（これがスーツ
ケースの価格表です。）

Thóse are↘bóoks.（あれらは本です。）

I'll táke↘*thése.*（これ（ら）にします。）

b. 形容詞的用法でも強勢を受けることは多いのですが，代
名詞的用法よりも強勢を失いやすいと言ってよいでしょう。特
に，強い強勢の間にあると無強勢になる傾向があります。しか
し，文頭にくると強勢をとる可能性は強くなります。

Thése róses desérve the↘prízes. （これらのバラは賞を受けて当然だ。）

Thís one ísn't↗yóurs,┊↘ís it? （これはあなたのではないでしょうね。）

Trý *thís* bread and *thát*↘jám. （このパンとあのジャムを食べてみなさい。）

You're véry↘búsy┊at *thís* time of↗yéar, I suppose. （あなたはこの時期にはとても忙しいですね。）［▶ I suppose の部分も除々に上昇する。］

Úsually in↘↗*thát* part of London,┊éverything shúts so ↘éarly at↗*thís* time of year. （普通，ロンドンのあの地域は，今の時期はどこもかしこも早く閉めてしまうのよ。）［上の二つの例では，this time of year も that part of London も対照の意味が感じられる。］

強勢が消失している例をいくつか示しておきましょう。

Whát's thát in *that* yéllow↘dísh,┊near the pláte of créam↘cákes? （クリームケーキの皿の側のあの黄色な皿の中にあるあれは何？）［最初の that は代名詞的用法で，強勢を受けている。］

I'd líke you to cléar *those*↘shélves. （それらの棚を片付けて欲しいのよ。）

Áre *these* clóthes↗réally all right? （この服で本当にいいですか。）

　なお, this morning, this afternoon のような結びつきの
this も無強勢となります。

　It was de＼cíded ┊ éarly *this*＼mórning.（それは今朝早く
決められたのです。）

3.5　疑問詞（代名詞，形容詞，副詞）

　a.　疑問文を形成している疑問詞は一般に強勢を受けます。

　Whó is góing to＼méet them?（誰がかれらを迎えに行く
の。）

　Whát's the náme of the＼táll girl?（背の高い女の子の名
前はどういうの。）

　Which chéese do you＼chóose?（どのチーズにする。）

　Hów fár is the＼séa?（海までどれくらいあるの。）

　Hów did the collísion＼háppen?（衝突はどんな風に起こっ
たのか。）

　Whén did you lást＼sée him?（最近かれに会ったのはいつ
です。）

　＼*Whére* is that place in the／cóuntry, by the way?（つ
いでながら, そこは田舎のどこにあるのだ。）［▶ by the way
は country の上昇のあとを続けて, そのままゆるやかに上昇す
る。］

　Whý dón't you want to márry your Frénch＼gírl?（ど
うして付き合っているフランス娘と結婚したくないのだ。）

特にアメリカ英語において，疑問詞が形容詞的に，すなわち疑問形容詞として用いられている場合は，無強勢のことがよくあります。

What tíme are you ↘léaving? （何時に出発ですか。）

How mány do you ↘wánt? （いくら欲しいのですか。）

又，on earth などの強意語句を伴うと，疑問詞の強勢が消失する可能性が出てきます。

What on éarth have you gót on your ↘fáce? （顔に一体何をつけているの。）

Who on éarth's Mr. Kho ↘méini? （ホメイニさんて一体誰のこと。）

もちろん，強勢をとっていることもよくあります。

Whát on éarth did you ↘dó? （一体全体君は何をしたの。）

else を伴う疑問詞が中心の疑問文では，else にピッチ変化があって，そこに文の焦点が置かれることがよくあります。

Whát ↘*élse* can they have imagined? （かれらは一体ほかに何を想像したのだろう。）［▶ else で下へ降りたまま，最後まで低いピッチで言う。］

Whó ↘*élse* must leave early? （ほかに誰が早く出発しなければならぬのだ。）

b. 間接疑問文を導く時は強勢をとらないのが普通です。

And we'll have tíme to decíde ex ↗áctly ¦ *what* we want him to ↘dó. （それに，かれに何をしてもらいたいか，はっき

りと決める時間はあるでしょう。）

We begán to wónder *what* ↘háppened to you. （あなた
に何が起こったのだろうかと不思議に思い始めたのです。）

Yes, but you dó knów *where* you ↘áre. （そうです，で
も自分が今どこにいるかということは確かに分かりますから
ね。）

I cán't thínk *why* ↘Dávid hasn't written yet. （デイビッ
ドがどうしてまだ便りをくれないか分からないね。）

間接疑問文を導く時でも，疑問の気持が強くなると，次の例
のように強勢を受けます。

Thínk *whó* we can háve ↘wíth him. （かれと一緒に招待
できる人は誰か，考えてごらん。）

I réally dón't see *whý* we should háve to ↘bóther. （ど
うして私達が心配しなくていけないのか本当に分かりません。）

I dón't know ↘*hów* it happened. （どんな風にして起こっ
たのか私には分かりません。）

He dóesn't know *hów* long the jóurney will ↘táke him.
（かれは旅行がどれくらいかかるのか分からないのだ。）

c. 感嘆文において，文頭で用いられた疑問詞は普通強勢を
受けません。

How im↘pértinent of her! （彼女は何と厚かましいこと
か。）

What a stránge and fríghtening ↘nóise! （何と奇妙で恐し

い音なんでしょう。）

　しかし，実際には強勢を受けていることも少なくないのです。

But *hów*↘áwful! （何とひどいんでしょう。）

Whát a↘crówd! （ひどい人ごみだね。）〔▶ この種の感嘆文はすべて下降調で言われる。〕

d.　複合疑問詞は強勢をとるのが普通です。

Whatéver did you↘dó? （一体何をやったの。）

Whatéver↘háppened? （一体何が起こったのかね。）

Howéver did you dó↘thát? （それを一体どんなにしてやったのだ。）

3.6　関係詞（代名詞，副詞）

　関係代名詞（who, which, what 等）と関係副詞（why, when, where 等）は強勢をとりません。

Whát's the náme of the stréet in *which* you↘líve? （あなたのお住まいの通りの名前は何といいますか。）

Wón't you hélp a wóman *who* is trýing to get↗báck? （社交界にかえり咲こうとしている女性を助けてくれないか。）

↘↗Lóuis, ┊ *who* had come expréssly to se↘↗dúce her, ┊ was a líttle taken a↘báck. （ルイは彼女を誘惑するためにやってきていたが，少しばかりびっくりした。）

↘Thís is the car *that* broke↗dówn. （これが故障した車です。）

Ísn't thát *what* I↗sáid? （それは私が言ってたことじゃないの。）

↘Thát's *why* I pre↗ténded ┊ ↘nót to be. （そういうわけでそうでないふりをしたのです。）

3.7 複合関係詞

whoever, whichever, whatever, however のような複合関係詞は強勢をとるのが普通です。

Whichéver gets there↗fírst ┊ can get a↘táble. （どちらでも早くそこに着いた方がテーブルを確保したらよい。）

They've álways been prepáred to táke↘↗Máry ┊ *wheréver* they↘wént. （どこへ行くにしても，いつも喜んでメアリを連れて行った。）

But dón't forgét the es↘↗séntials ┊ *what*↘*éver* you do. （でも何をするにしても肝心な物は忘れないでね。）

慣用的表現とも考えられる，挿入的な whatever it is の中で whatever は無強勢となります。

There's a↘↗ríver, ┊ but áctually in the↘↗víllage, ┊ or little↘tówn, ┊ or *whatever* it ↗ís, ┊ there↘áren't many trees. （川はありますが，実際村には，小さな町と言ったらいいのでしょうか，まあ何にしても，そこには樹木は多くありませんよ。）

3.8 不定代名詞

some と any は表わす意味と用法によって強勢の受け方が異なるので，場合に応じて検討しなくてはなりません。他の不定代名詞も語によって，強勢の受け方は変化があります。

a. some

(1) some が無強勢になる場合

名詞の前に置かれて不特定の数量を示し，"いくらかの"，"若干の" という意味で使われる形容詞的用法の場合と，同様に不特定の数量を示す "いくらか"，"若干" の意味で使われる代名詞的用法の場合とがあります。形容詞的用法では some は [sə-m]，[sm̩] という発音になるのが普通で，特に不可算名詞の前では [sm̩] となる可能性が大きくなります。これに反して代名詞的用法では，some の発音は，いわゆる強形の [sʌm] となります。

形容詞的用法の例。([səm]，[sm̩])

He's búilding *some* néw⌍hóuses, you know. （かれは何軒か新しい家を建てているでしょう。）[▶ you know は低いピッチのまま，軽く言う。]

I've gót *some*⌍físh⌎hére. （ここで魚を釣りましたよ。）

There was *some*⌍sléet in the wind. （風はみぞれ混りであった。）

Cook *some*⌍bácon with it. （それにベーコンを入れて料理しなさいよ。）

代名詞的用法の例。([sʌm])

We háve *some* of thém as a ↘rúle, ┊ ↗dón't we? (大抵
うちではそれ [=ぶどう] をいくらか食べてるね。)

Cán you lét me↗háve *some?* ((お金を) 少し下さいな。)

(2) some が強勢を受ける場合 (発音は [sʌm] となります。)

(i) "人 (物) によると…もある" とか "なかには…のものも
ある" という意味では，対照の含みもあって，強勢をとります。

Yes, but *sóme* drívers are so↘cáreless. (そうです，で
もとても不注意なドライバーもいるのです。)

↗*Sóme* people ┊ ↘líke that sort of thing; ┊ ↗*sóme* ┊
↘dón't. (そのようなものが好きなものもおれば，そうでない
ものもいる。)

We're véry short of↘↗*sóme* brands. (銘柄によってはと
ても不足しています。)

Nót↘áll glass is trans↗párent; ┊ *sóme* ↗ís ┊ and *sóme*
↘ísn't. (ガラスはすべて透明であるというわけではありませ
ん。透明なものもあるし，そうでないものもあります。)

↘↗*Sóme* of the stations ┊ are prétty far a↘párt. (駅と
駅の間がかなり遠く離れている所もある。)

Áren't there *sóme* that rún all↗níght? (一晩中運行して
いるバスはないのですか。)

(ii) 単数の可算名詞の前で，"ある…" という意味で使われ
ると強勢を受けます。

She was tálking to *sóme*↘mán. （彼女は誰か男と話して
いた。）

Sóme ídiot has ↘bróken this. （誰か大馬鹿がこれを壊した
のだ。）

He's wríting *sóme*↘bóok. （かれはある本を執筆中である。）

㈢ "かなりの" とか "相当の" という意味で使われる場合は
強勢をとります。

Jóhn's↘↗mínd ⋮ is in *sóme* con↘fúsion. （ジョンの心は
相当混乱している。）

It tákes me quíte *sóme*↘↗tíme ⋮ to séttle báck to my
↘seríous stuff. （本気でやらねばならない仕事に，もう一度落
着いてとりかかることができるようになるには，かなりの時間
がかかるのです。） [stuff には強勢がないことに注意。]

But↘↗thís week ⋮ there was líkely to be *sóme* de↘láy.
（しかし今週は一寸した遅れがあるだろうと思われた。）

㈣ 数詞とか few の前で，"大体"，"約"，"およそ"の意味
で副詞的に用いられる時，強勢を受けます。

You'll fínd it *sóme* húndred pages fúrther↘ón. （百ペー
ジほど先にそれが載っているよ。）

I wáited *sóme* féw↘mínutes. （数分ほど待った。）

b. any

⑴ any が無強勢となる場合

疑問文，条件節で，"何か"，"いくらか"，"少しでも"のよう

な意味を表わす時，そして否定文で，not...any＝no の関係で
用いられている時は無強勢になるのが普通です。発音は普通
［eni］ですが，時に［əni］となったり，［t］，［d］のあとでは
［ni］となることもあります。

Do they ［＝the rooms］ gét *any* ↗ sún?（その部屋には日
が当たるかい。）

Do you wánt *any* ↗books?（本がいりますか。）

Have↗yóu got *any?*──↘Nó, ┊I háven't ↘gót *any.*（あ
なたは持っていますか。──いいえ，全くありません。）

(2)　強勢を受ける場合。発音は［éni］となります。

肯定文において，"どんな...でも"の意味を表わす時は強勢
を受けます。

↘*Ány* fool can do↗thát!（どんな馬鹿でもそれくらいはで
きるよ。）［▷ 強勢を受けていない語 fool can do は低く下が
ったままで言う。］

↘*Ány* ink'll do.（どんなインクでもよろしいです。）

↘↗Thís one ┊is bétter than *ány* I've ever↘séen.（これ
は今まで見た中では一番よい。）

慣用的に用いられる句の中の次の any も結局はこの種類に
入ると考えられます。

In↘*ány* case ┊we're úsually fár tóo↘sléepy.（いずれに
しても，われわれは普通余りにも眠すぎるのだ。）

At *ány* rate he séemed to have got↘óver it.（とにかく

かれはそれを克服したように見えた。）

＼／Shé's ⋮ still in ＼béd, ⋮ but she'll be gétting up ＼*ány* day／nów.（彼女はまだ病床にいるが，明日にでも床を離れるくらいになっている。）

c. every, each, all, both, either, neither, none, else, whole

これらの代名詞は普通強勢を受けます。

Évery member was ＼présent.（全員出席していました。）

Éach came at a dífferent ＼tíme.（各人がそれぞれ違った時間にやってきた。）

We have *áll* we ＼wánt.（欲しいものはみな手に入れている。）

There were two／bóoks, ⋮ and I tóok ＼*bóth*.（本が二冊あったが，両方とも持っていきました。）

They're *bóth* óver ＼séventy ／ nów.（かれらは二人共現在70を越えている。）

I dón't like ＼*éither* method.（どちらの方法も気に入らぬ。）

I ráther ＼／dóubt ⋮ whether *éither* of them would féel ＼bráve enough.（かれらのどちらも勇気があるかどうか疑わしい。）

I saw ＼*néither* book.（どちらの本も眼に入らなかった。）

I tríed ＼*bóth* methods, ⋮ but ＼*néither* was satis／fáctory.（どちらの方法も試してみたが，どちらも満足できるようなも

のではなかった。）

d.　one

(1)　one は一般に強勢を受けないのが普通です。

(i)　前に形容詞，数詞が来ている場合は既に用いられた名詞を受けていて，強勢はとりません。

I belíeve it was quíte a ↘góod *one* ┊ when it was ↗néw.（それは新しい時にはなかなかよかったと思うよ。）

(My father gave me a new fountain pen.) I ↘lóst my ↗óld *one* ┊ at ↘schóol, ┊ but thís is a múch ↘bétter *one*.（私は学校で古いのをなくしましたが，これはそれよりもずっといい万年筆です。）

Thóse ↗ béige *ones?*（あのベージュ色のやつですか。）

(ii)　既述の名詞を受けて，単独で用いられている one も無強勢です。

Of course ↘ ↗Í just couldn't do ┊ with ↘óut *one* [＝a telephone].（むろん電話なしでは私はやっていけないでしょう。）

I've ↘álways ┊ ↘ ↗wánted *one* [＝a wrist watch]. I've never ↘hád *one* be ↗fóre.（私はいつも腕時計が欲しいと思っていたのです。今まで持ったことがありませんでしたので。）

(iii)　一般に "人" を表わしている用法では無強勢です。

↘ ↗Nówadays ┊ *one* ténds to take the télephone for ↘gránted.（現在では，人は電話があるのは当然のことと考えがちである。）

Cán *one* éver be ↗ súre? (人が確信をもって言えるのか。)

(2) "一つ" という意味ならば名詞と見なされていますが，普通強勢をとります。

Was *óne* of them Qúeen ↗ Máry? (その中の一人が女王メアリでしたか。)

It [=the old car] seemd júst like *óne* of the↘fámily. (その車はまるで家族の一員みたいだった。)

(3) 既述の名詞を受けていても，後から句または節で限定されている場合，強勢を受けます。

(Those are better.) The *ónes* on the↘léft. (ほら，左手のやつね。)

(Just look at the snow on that car.) The *óne* cóming alóng↘nów. (今やって来る車だけど。)

Móst of the *ónes* [=the curtains] we brought↗wíth us ┊ don't↘fít↗thése windows. (私たちの持ってきたのはほとんどがこちらの窓に合わないのです。)

e. other と another

other, another ともに強勢を受けるのが普通です。

The↘↗*óthers* ┊ don't really↘mátter so much. (他のものは，本当はそれほど重要なわけではない。)

I háven't had ány áctual ex↘périence of ↗*óther* kinds of heating. (他の種類の暖房装置を実際に使った経験がありません。) [heating という語は，この発話の前に使用されており，

当然無強勢となっている。」

If óne isn't e↗nóugh, ⋮ take *an*↘*óther*. (一つで十分でな
ければ，もう一つ取りなさい。)

f. anything, anybody, anyone, everything, every-
body, nothing, nobody, something, somebody, someone

以上の複合代名詞は一般に強勢を受けます。特に主語となっ
た場合，この傾向が強くなります。

Í'll go úp to the↘cróssroads ⋮ and sée if there's *ánything*
↘cóming. (私が十字路まで行って，何か来ているか見てきま
しょう。)

Was *ányone* ↗ húrt? (誰かけがをしましたか。)

But↘théy ↗ thóught ⋮ that *éverything* was↘lóvely. (で
もかれらの方は何もかもすばらしいと思っていたよ。)

In the after↗nóon, ⋮ about fóur o'↗clóck ⋮ or hálf-
↘pást, ⋮ néarly *éverybody* has↘téa. (午後4時か4時半頃
にほとんどみんながお茶を飲みます。)

He has *sómething* to dó with↘fílms. (かれは映画と何か
関係がある。)

Sómeone was↗sáying ⋮ they hád to put↘sócks over
their ↗shóes last winter ⋮ in all that ↗snów. (かれらは
この前の冬，あの雪の中では靴の上からソックスをはかねばな
らない状態であった，と誰かが話していた。)

ただし，次の例のように，前後に強い強勢を持つものがあれ

ば, 強勢を失うこともあります。

I shán't be áble to dó *anything* a↘↗bóut it, ┆ nót before
↘Túesday at↗léast. (そのことについては何もできないでし
ょう。少なくとも火曜まではね。)

Have you fóund *anything* ↗ínteresting? (何か面白いも
のある？)

Cán't they ↗ dó *something* about it? (それについて何か
打つ手はないのか。)

Perháps *someone's* ↘stólen it. (誰かがそれを盗んだので
しょう。)

g. one another と each other

この二つの句は強勢を受けないのが普通です。

We've séen a good↘↗déal of *each other* ┆ éver↘sínce.
(その時以来, わたしたちはお互いによく会いました。)

They could pro↘téct *each other* if necessary. (必要と
あらばおたがいにかばい合うことができた。)

They were hélping *one another* in their↘wórk. (かれ
らは仕事でおたがいに助け合っていた。)

4. 動　　詞

4.1

　動詞は発話の中で重要な部分を占めるので，当然のことなが
ら強勢を受けるのが普通です。そして，動詞は現在分詞，過去
分詞，不定詞，動名詞のような形をとっていても，強勢の受け
方に直接の影響はありません。いろいろの形態で用いられてい
る例を見て下さい。

Cóme ↘*hére.*（こちらへ来なさい。）

Hów lóng does the prógramme ↘*lást?*（その番組はどれ位
の長さですか。）

I *díalled* the númber ↘wróngly.（電話番号を間違って回し
た。）

I *wánt* him to *hélp* me with my ↘hómework.（私はか
れに宿題を手伝ってもらいたいのです。）

I'm *wáiting* for the ↘bús.（バスを待っています。）

Háven't you ↗*éaten* it yet?（まだ食べていないのですか。）

I dídn't ↘*prómise* to *ac* ↗*cómpany* you.（あなたのお伴
をするというお約束はしておりません。）

Is he bádly ↗*húrt?*（ひどいけがですか。）

You dón't *stóp* ♪ *wríting* for that time?（その期間は書くのをやめないのですか。）

4.2

　動詞も名詞の場合と同様，現実には文強勢を失っていることも少なくありません。様々な場合に分類して検討してみましょう。

　(1)　動詞の周囲に，特に対照や強調のために強勢がある場合には，動詞は強勢を受けません。また単にリズムの関係でそのようになることもあります。

　＼Í never *gave* you that ♪bóok.（その本をあなたに与えた人は私ではありませんよ。）〔Ⅰ が他の人と対照されている。〕

　Háve you ♪ áll *seen* the film?（その映画君達みんな見たの。）〔all が強調されている。〕

　We áll *got* hóme withóut＼dífficulty.（私達はみんな難なく家に着きましたよ。）〔get は強勢を失いやすい動詞である上に，前後に強勢があるためと考えられる。〕

　核強勢（すなわち大きなピッチ変化を伴った強勢）を帯びた強調の do のあとにくる動詞もこの種類の中に入れてよいでしょう。

　He＼díd *look* ♪fúnny.（本当にかれはおかしなかっこうだったよ。）

　Ⅰ＼dó *use* the ♪túbe.（確かに私は地下鉄を使っています

よ。)

(2) feel, get, know, make, stop, think, want などの日常一般的な動詞が，強勢のある音節（普通否定形式の don't や can't）に続く場合は強勢を受けないことがよくあります。

I cán't *get* the cár to ⟍stárt, Anne. （アン，車が始動できないんだがね。)

And you've stíll *got* your bést⟍tróusers on. （それに，まだあなたは一番いいおズボンをはいていらっしゃるのね。)

I dón't *know*⟍hów it happened. （どんな風にしてそれが起こったのか分からないのだ。)

I prómise I wón't *make* her ⟋tíred. （彼女を疲れさせないと約束するよ。)

I dón't *want* to wáste tíme⟍⟋trávelling. （旅行などして時間を無駄にしたくないのです。)

上と似た構文で使われていても，日常性にやや欠けると思われる動詞は強勢を維持しています。次の文を上の例と比較してみて下さい。

Dón't *tróuble* to⟋ánswer it. （御返事はいただくに及びません。)

(3) 主格補語をとる feel, get, go, keep, look なども無強勢になることがよくあります。

I *feel* quíte a⟍shámed ┊ when péople⟋cóme here. （家にお客さんがあるととても恥かしいのですよ。)

The scénery was↘górgeous, ┊ ónce we'd *got* cléar of the ♪súburbs. (一度郊外から出てしまうと景色は目もさめるようであった。)[▶ once で始まる副詞節はここでは低い上昇調で言われているが，条件，理由，時などを表わす副詞節が文末にくると，上昇調がよく使われる。"ちゅうちょ"の気持が含まれることも多い。]

↘♪Thén perhaps ┊ she'll *keep*↘quíet. (そうなれば，あの娘も静かにしてくれるだろう。)

And they *look* ráther↘níce. (それに一寸よさそうじゃない。)

(4) come and do とか go and do の形をとった場合の come と go は普通強勢を受けません。情報の焦点は come や go になくて，後続の動詞にあるからです。

Yóu *come* and sít in the↘báck here ┊ between Fránk and ↘Jóan. (お前はこちらへ来て，うしろの座席のフランクとジョーンの間に座りなさい。)[You に強勢が置かれて，命令文となっている。]

Now I'll *go* and gét some↘hélp. (これから私が助けを求めに行こう。)

Wíll you *go* and sée who it♪ís? (誰なのか見に行ってくれませんか。)

(5) "～しに行く" という意味で，go doing の形をとった go は強勢を失います。

It was tre◝méndous fun ⋮ to *go*◞súrfing.（サーフィング
はすごく楽しかった。）

We wánt to *go*◝yóuth-hostelling.（ユースホステルに泊り
ながら旅行したい。）

Lét's *go* ríding to◝géther.（さあ一緒に乗馬に行こう。）

(6)　副詞と共に成句をなす，いわゆる phrasal verb の直前
に文強勢を持つ語がある場合とか，直前に文強勢がなくても，
副詞の方に重点が感じられる場合には，動詞に強勢がないこと
がよくあります。特に come, get, go, put などについて，
このことが言えます。

Whére do you *put*◝úp?（どこに泊るの。）

Must you *get* it óff to◞dáy?（それは今日発送しないとい
けないのですか。）

Is it ány úse *ringing*◞úp?（電話をかけてそれで役に立つ
の。）

Mary sóon *gave* úp in des◝páir.（メアリはやがて絶望し
てあきらめた。）

I was *looking*◝fórward to a swim in the Mediter◞rá-
nean.（私は地中海で一泳ぎできるのを楽しんで待っていまし
た。）

(7)　形式的には名詞を目的語にして，一つの動詞と同等の機
能を持つ成句を作る get, give, have, keep, make, take な
どは強勢を消失するのが普通です。意味の中心は名詞の方にあ

るからでしょう。

He's *got* ↘hóld of her.（かれは彼女をつかまえた。）

↘↗Súddenly ⋮ Lén *gave* a ↘shóut.（急にレンは大声をあげた。）［▶ 文頭にきた副詞語句は，Suddenly のように，下降・上昇調をとることが多い。たとえば after a while, with any luck, in the meantime, actually, on the whole, afterwards などは代表的な例である。］

Lét's *have* a lóok at the ↘díctionary.（辞書を一寸みよう。）

You'll háve to *make* the bést of ↘thís.（君はこれを最大限に利用しなくてはならないだろう。）

Dón't *take* tóo much nótice of a pláyer's po↘↗sítion.（選手のポジションを余り気にしすぎないようにしなさいよ。）

(8) 文末位置の引用文伝達動詞は，一般に強勢を受けないで，引用文の最後の音調群のピッチを延長した形をとります。部分強勢（やや弱い強勢）を持つことはあります。次の例では，said は強勢はありませんが，asked は文強勢とまではいきませんが，部分的な強勢があります。しかし本書では部分強勢は表記していません。

"But ↘lísten, mother," *said* Laura.（「でもお母さん，一寸聞いて。」とローラが言いました。）［▶ ピッチは listen で下がったまま，最後まで平坦に言う。］

"↘Húllo, ↗Cótman," he *said*.（「やあ，コットマン。」と

かれは言った。）［▶ Cotman で上昇気味になり，最後まで少しずつ上昇した形となる。］

"Háve you lóst ⤴ ánything, sir?" he *asked.* （「何かおなくしになったのですか。」とかれが尋ねた。）［▶ anything で上昇が始まり，最後まで除々に上昇する。］

(9) 文末に付加された節の動詞は(8)と類似した情況にあると考えられ，普通は部分強勢か無強勢で言われます。

You're véry ⤵ búsy ⁞ at thís time of ⤴ yéar, I *suppose.* （1年の内今頃は大変お忙しいのでしょう。）［suppose は部分的強勢を持つが文強勢ほど強くはない。］

Nóthing ⤵⤴ sérious, I *hope.* （大したことでなければよろしいが。）［▶ I hope の部分も上昇の流れを引き継ぎ，部分強勢あり。］

Whát does it ⤵ cóst to rent a set, I *wonder?* （一台テレビを借りたらどれくらいかかるのでしょう。）

Cólour's ráther ⤵ déar, I *believe.* （カラー（テレビ）の方は少し高いと思います。）

(10) 予測性の高い情況で用いられている動詞は強勢を失う傾向があります。たとえば，books と write, food と eat の関係について考えてみますと，本は書くものですし，食物は食べるものですから，books to write, food to eat のような構造では，動詞は付加的な機能しか持たないので，強勢は失うことになります。

╲bóoks to write   ╲clóthes to wear

╲fóod to eat   ╲léssons to learn

╲gróceries to get   ╲a fávour to ask

He's got a hóliday╲éssay to *write*. （かれは休暇の宿題
として小論文を書かねばならない。）

　しかし，passages to memorize のような組合せでは両者の
関係が上の例ほど密接でないので，pássages to╲mémorizeの
ような強勢パターンになるでしょう。次の例は少し性格が違い
ますが，興味ある例だと思います。

$\left\{ \begin{array}{l} ╲bréad\ to\ eat\ ① \\ a\ desíre\ to╲éat\ ② \end{array} \right.$

$\left\{ \begin{array}{l} I\ have\ in╲strúctions\ to\ leave.\ ① \\ I\ have\ instrúctions\ to╲léave.\ ② \end{array} \right.$

①はそれぞれ内容的には名詞は動詞の目的語となって，"食べ
るべきパン"，"残しておくべき指示"の意味ですが，②の方は
大ざっぱには同格的関係が存在していて，"食べたいという気
持"，"立ち去れという指示"というような意味になり，明らか
に①と②の間には意味上の差があるわけです。

4.3 Phrasal Verbs の強勢

　一般にイギリス英語においては，V＋Adv の形をとっている
phrasal verbs は二重強勢を受けると考えられています。すな
わち，自動詞的に用いられる時は，cóme╲báck， fáll╲óff，

húrry↘úp というパターンになります。

　アメリカ英語についても同じようなことが言われますが，どちらかと言うとイギリス英語の場合より動詞の強勢が弱まる傾向が見られることもあります。

　(1)　動詞＋目的語＋副詞

　V＋O＋Adv という形になっている時，名詞が目的語となっておれば，その名詞に最も重要な強勢（すなわち核強勢）がきて，副詞は文強勢を失います。

　Will you pléase *túrn* the↘rádio *off?* （ラジオを止めてくれませんか。）

　They *pút* their↘tóys *away.* （かれらは自分のおもちゃをしまった。）

　しかし，目的語が代名詞の場合，または目的語が名詞でも強勢がなければ，二重強勢のパターンとなり，動詞も副詞も強勢を受けます。

　Dídn't that *knóck* you↗óver? （そのために君はひっくりかえらなかったかい。）

　I was góing to *ríng* them↘úp to↗dáy. （私は今日そこへ電話をかけるつもりだったのだが。）

　In the↘↗énd ¦ we *gáve* it↘úp. （結局われわれはそれを諦めましたよ。）

　You álways *pút* things↘óff. （君はいつも物事を延ばすね。）

　V＋O＋Adv の語順になっている時は O＝Pron の方が普通

ですので，二重強勢を維持するのが一般的です。

(2)　動詞＋副詞＋目的語

V＋Adv＋O となった場合は名詞が目的語となりますが，一般にイギリス英語においては副詞が強勢を失うか，せいぜい部分的強勢を残す程度になります。アメリカ英語ではむしろ動詞が強勢を失うか，または共に強勢を維持するのが普通です。

イギリス英語の例

He's *gíven up* ＼smóking. （かれはたばこをやめた。）

Now you're *míxing up* Rúgby and ＼sóccer. （ほら，君はラグビーとサッカーを混同しているんだよ。）

Perháps you *púlled out* the nótecase with the ＼hánky. （おそらくハンカチと一緒に札入れも引っぱり出したのでしょう。）

I'll *sénd off* some cábles this ＼mórning. （今朝海外電報を打っておきましょう。）

アメリカ英語の例

Did you *make óut* a withdráwal ↗slíp? （預金払戻し用紙に記入していただけましたか。）

Could you *send úp* a cheese sándwich and a cúp of ↗cóffee? （チーズサンドイッチとコーヒー一杯を持ってきていただけませんか。）

Píck óut a cóuple of líght ＼nóvels ⁝ and a non ＼fíction book. （肩のこらない小説を二，三冊とノンフィクション一冊

を選んで下さい。）［▶ novels のピッチは下降調と表記しているが，実際は/3-2/の幅の狭い下降である。］

(3) 動詞＋副詞＋前置詞＋目的語

V＋Adv＋Prep＋O の形態では，副詞は強勢を受けるのが普通です。さらに O＝Pron であれば，ピッチ変化のある強勢がくる可能性が強くなります。動詞は get, go のようなありふれた種類のものであれば，強勢を失う傾向があります。

I expéct Wílliam will *go ín with* ↘Róbert, ┊ on a ↘cámp-bed. （ウイリアムはキャンプ用寝台でロバートと一緒に寝てもらうことになると思う。）

And the ↘↗hóspital thinks ┊ I néed to *catch úp on* my ↘sléep. （それで，私は睡眠不足を取り戻さないといけないと病院では思っているのです。）

So perháps we can *get ón with* the ↘gáme. （これで試合を続けることができるでしょう。）

We'll *lóok* ↘*ín on* you. （あなたのお家へ寄ります。）

(4) リズムの影響

動詞の強勢の有無は微妙な要素が関係してくるので，必ずしも規則通りになっているわけではありません。たとえば，動詞の直前に文強勢があれば，リズムの影響で動詞の強勢がなくなることはよくありますし，get, go, make などの動詞は直前に強勢がなくても，強勢を消失することが多いのも，4.2 で解説した通りです。phrasal verb の場合でも同じことですから，

Shall we *thrów* them a♪*wáy?* (それらは捨てましょうか。)
においては，動詞 throw は強勢を受けていますが，次の例では強勢のある wouldn't が直前にきていて，throw は無強勢となっています。

We wóuldn't *throw* ánything a↘♪*wáy.* (ぼくらは何も捨てるようなことはしませんよ。)

同様に動詞が強勢を失っている例を挙げますと，

I cán't *make* him *óut* at↘áll. (かれの言っていることがさっぱり分かりません。)

They hádn't *switched ón* at the↘máins. (元をつけていなかったのですよ。)

しかし，問題はなかなか複雑であって，強勢のある音節の直後にあっても，動詞は強勢を保持していることもあります。

↘♪Sórry. Cán't *dísh out* the↘♪prízes ┊ ↘áfter all! (すまないね。結局私が賞を手渡すことは不可能だよ。) [after all の強勢パターンは after áll の方が普通。]

(5) 動詞にのみ強勢がある場合

動詞にのみ強勢があるパターンでは，come along, come on, hold on のような動詞句が命令文の形で使われている場合に多く見受けられます。しかもこのパターンでは文末に呼びかけ語か強勢のある他の副詞を伴っているものに限られていて，そういう付加語がないと二重強勢の可能性が強くなります。

↘*Cóme along* ┊ ♪áll of you. (さあ，みんな，早く。)

↘*Cóme on,* ¦ ↗Jóan. （ジョーン，早く早く。）

Oh, ↘*cóme on,* ¦ ↗sómebody. （ああ誰か，さあ来い。）

↘*Hóld on,* ¦ ↗Tóny. （トニー，しっかりつかまっておけ。）

Pléase *dróp in* a↘gáin. （どうかまた立ち寄って下さい。）

動詞句に付加語がないと，次のように二重強勢になっています。

Cóme↗ón.

命令文ではありませんが，次の例も副詞が無強勢となっています。

And your Énglish has *cóme on* ↘márvellously. （それに英語がすごく上達したじゃない。）

5. be, have, do と助動詞

周知のように，be, have, do は本動詞としても，助動詞としても用いられますが，その用法によって強勢の受け方に違いがありますので，個々について検討する必要があります。これら以外の助動詞についても，用法や意味によって強勢の受け方が異なる語が相当ありますので，個々の語について詳細に見ていくことにします。ここでは shall, should, will, would, can, could, may, might, must, ought (to), used (to), dare, need を取り扱うことにします。

5.1 be

be 動詞は一般には本動詞でも助動詞でも，not の縮約形を伴った否定形式以外は，強勢を受けません。しかし用法によっては，当然強勢を受けるものも相当あります。

a. 強勢のない場合。

(1) 本動詞

She'*s* a↘téacher.（あの人は先生です。）

We *were*↘éarly↗yésterday.（私たちは昨日は早く来ました。）

Was I↗wróng? (私は間違っていましたか。)

Whóse bóok *is*↘thís? (これは誰の本ですか。)

Thís *is* my↘fríend, ⁞ ↘Jáck. (こちらは私の友人のジャック
です。)

Well, I háven't *been* to the Tówer of↘↗Lóndon. (そう
ね, ロンドン塔へはまだ行ったことがないよ。)

(2) 助動詞

He's↘lístening to me. (かれは私の話しを聞いています。)

Whát'll you *be* dóing to↘mórrow? (君は明日何をしてい
るでしょうね。)

b. 強勢がある場合。

(1) isn't, aren't, wasn't, weren't のような縮約否定形と
なっている場合。

Wásn't he↗éarly? (かれは早く来ませんでしたか。)

He cértainly *wásn't*↘↗láte. (かれは確かに遅刻はしなか
ったよ。)

It *ísn't*↘↗bróken. (それはこわれてはいません。)

They *áren't* véry ex↘pénsive, ⁞ sécond↗hánd. (それら
は中古では余り高くないよ。)

(2) 文末にある場合。特に文の唯一の動詞となっている時。

I expéct it↘*ís*. (そうだと思う。)

Is he↗stíll living there?——↘Yés, ⁞ he↘*ís*. (かれはまだ
そこに住んでいるの。——うん, そうだよ。)

↘Whý, ┆ it's Pri↘scílla. ——So it↘ís. （おや，プリシラ
だな。——そうだよ。）

Thére you↘áre. （それごらん。）

You dón't really knów, at eigh↘↗téen, ┆ what the
possibílities↘áre. （君も18歳では将来の見込みはどうなんだ
ろうかなんて，よくは分からないんだよ。）

(3)　特殊疑問文で主語が代名詞の時。

Where↘ís it? （それはどこにありますか。）

How↘áre you? （いかがですか。）［この文に対する応答とし
ての Hów are↘yóu? と区別する必要がある。］

Whó↗ís it? （どなたですか。）［▶ この文は上昇調のパター
ンで，玄関のベル，ドアのノック，電話の相手に対してよく使
われる。］

Whát *wás* it you↘wánted? （欲しいものは何だったので
す。）

But whére↘áre they? （でもどこにあるのかな。）

Now whére↘*wás* I? （さて，手紙はどこまで読んでいたっ
け。）

Hów múch↘ís it? （おいくらですか。）

(4)　文頭に来た場合。

イギリス英語では強勢を受けることが多いのですが，アメリ
カ英語においては無強勢が普通です。

Wére there any↗létters? （手紙が来ていましたか。）

Áre you táking a ↗stíck? (ステッキを持って行くつもりですか。)

Béen ↗búsy? (ずっと忙しかったですか。)

Wás he knocked ↗dówn? (はねられたのですか。)

Ís it from↗Fránk? (フランクからですか。)

⑸　相手の意見，発言に対して反駁または反論する時。

単に文強勢というだけでなしに，音調群の中心をなす核強勢がきます。

You júst weren't ↘lístening. ——I ↘*wás* listening. (あなたは聞いていなかっただけなのよ。——ぼくは聞いていたよ。)

You tóld me it was dúe to ↘ópen↗sóon. ——It ↘*is* open ⋮ ↘nów. (あなたは，そこはすぐにあくことになっていると言ったわね。——今，あいているじゃない。)

You were tóo busy árguing with ↘Fránk ⋮ about ↘fóotball. ——We ↘*wéren't* arguing. (あなたはフットボールのことで，フランクと議論をやってて，とても忙しそうでしたね。——議論なんかやってなかったよ。)

このような反駁，反論では，be 動詞だけが特別扱いになるのではなくて，他の助動詞も同じ様に用いられます。12.「文強勢の移動」を参照して下さい。

⑹　been が文中の唯一の動詞となっている場合。

⑵の場合と大体同じなので，その中に入れてもいいかもしれません。

You háven't ↘*béen* then, yet. （それでは，まだ（観劇に）行っていないのですか。）

It was the fírst tíme I've ↘*béen* to him. （かれの店へ行ったのは初めてでした。）

(7) "是認"とか"不快"な気持を表わす，一種の感嘆的用法の場合。

これも単に普通の強勢だけでなしに，最も重要な強勢，すなわち核強勢を受けるのです。

Óh ↘déar, ┊ that ↘*ís* a nuisance. （おやまあ，本当にいやだわね。）

You ↘*áre* mean, Simon. （サイモン，あなたって意地悪ね。）

Oh, ↘Márjorie, ┊ you ↘*áre* a dear! （ああマージョリー，君は本当にいい人だよ。）

Mý ↘góodness. Thát ↘*ís* awkward. （おやおや，それは困った。）[▶ My goodness の goodness は上昇・下降で言うのが普通。]

(8) "確かに"という気持を含み，強調的な用法の場合。

相手又は自分が思ったり，心配したりしていることに対して，現実は確かにその通りだという意味を持つ，強調的な用法で，やはり核強勢がきます。もっともこの用法は他の助動詞にも適用されます。

It ↘*wás* my fault ↗réally. （それは本当に私の責任だった。）

I hópe it's the ↘↗póstman... Yes, it ↘wás the postman.
（あれは郵便屋さんだと思うよ。その通りだったよ，確かに郵便屋さんだったよ。）〔戸口の所で人の気配がしたので，行ってみた結果。〕

You're wánted on the ↘phóne. It's Mr. ↘Wílliams.——
Thát'll be ↘Géorge Williams,⋮ from the gárage up the ↘róad... 〔電話から帰って来て〕 Yes, it ↘wás George.（電話ですよ。ウイリアムズさんからですよ。——ジョージ・ウイリアムズだな，通りを少し行ったガソリンスタンドからだよ。…やっぱりジョージからだったよ。）

5.2 have

have は助動詞として用いられる時は一般に無強勢で，本動詞としては強勢を受けることが多いと大ざっぱに言うことができますが，もう少し詳細に検討することが必要です。

a.　助動詞として

(1)　完了形を作る have は強勢をとりません。

I *had* been béating him on the ↘knée.（私はかれのひざをぶっていました。）

As sóon as I'*ve* fínished the ↗wáshing ⋮ I'll máke an ↘ómlette or something.（洗濯がすみ次第オムレツかなにか作って差し上げます。）

I thínk you should *have* ↘tóld me ↗thát ⋮ befóre you be-

↘gán.（始める前にそのことを言ってくれていたらよかったのにと思うよ。）

しかし，文頭で分詞構文の形をとった場合は，強勢を受ける例もあります。

Háving taken his↗médicine, ⋮ he félt↘bétter.（その医者の薬を飲んだら気分がよくなったのです。）

⑵ 疑問文で文頭にくると，イギリス英語では強勢を受けることもよくあります。アメリカ英語では無強勢が普通です。

Háve you decíded what to↗búy yet?（何を買うかもう決めましたか。）

Hás he forgótten to↗sénd them to me?（それを私の所に送るのを忘れたのだろうか。）

強勢のない例。

Have you séen the Rádio↗Tímes?（ラジオ・タイムスは見ましたか。）

Have you léarned to pláy ca↗násta?（カナスタのし方を習いましたか。）

⑶ 否定形式になると普通は強勢を受けます。

I *háven't*↘héard of him.（聞いたことがないが。）

We *hádn't* been waiting↘lóng when he↗cáme.（余り待たない内にかれがやってきた。）

⑷ 文末位置で強勢を受けることがあります。

Háve you got a↗cár?——↘Yés, ⋮ I↘*háve*.（車をお持ち

ですか。——はい，持っています。）

Háve you got a↗bícycle?——↘Nó, ⫶ I↘háven't. （自転車をお持ちですか。——いいえ，持っていません。）

b. 動詞として

(1) "所有する"，"手に入れる"，"経験する"，"心に抱く"等の普通の用法では，強勢を受けます。強勢を消失することも少なくありません。

He *hás* an óffice in the↘Hígh Street. （かれは本通りに事務所を置いています。）

Are you *háving* a néw↗hóuse? （家を新築するつもりなのですか。）

I'm véry ánxious to *háve* your ad↘více. （あなたの助言をぜひいただきたいのです。）

強勢がない例。

I *had* nó i↘↗déa ⫶ what I was going to↘sáy. （自分が何を言おうとしているのか，自分でも分からなかった。）

I *have* a wéak ↗ chést. （私は胸が弱い。）

↗Wéll, ⫶ you'll *have* lóts of tópics of conversátion with ↘hér, ⫶ ↗Túppy. （ところでタピー，彼女とならいろいろ話題がはずむでしょうよ。）

(2) イギリス英語の場合，一般疑問文の文頭にあって，強勢を受けることがよくあります。

Háve you any ↗ bróthers? （兄弟がありますか。）

Háve you any ↗ hínts to offer ┊ on céntral ↗ héating?(セ
ントラル・ヒーティングについて何か御助言でもございませ
んか。)

(3) have＋O＋p.p./bare inf. の形となって，使役（…させ
る，してもらう）の意味を持つ時，強勢を受けるのが普通で
す。

They've been *háving* their ↘ hóuses repainted.（かれらは
家を塗りかえてもらっている。）

I'll *háve* them write a ↘ létter.（かれらに手紙を書かせよ
う。）

You must *háve* them teach you hów to ↘ dó it.（あなた
はかれらにそれの仕方を教えてもらわねばならない。）

この構文でも，直前の語に文強勢があると，have の強勢は
消失することもあります。

I can éasily *have* it made a líttle tighter- ↘ fítting.（そ
れをもう少しぴったり合うようにすることは簡単です。）

c. 慣用的用法

(1) "have to" の形で用いられると強勢を受けるのが普通で
す。

"I *hád* to ↘ sée you," he said.（「あなたにお会いしなけれ
ばならなかったのです。」とかれが言った。）

Well, we'll *háve* to ↘ thínk about it.（そうですね，考え
ておかねばならないでしょう。）

I shall *háve* to go óut and ↘gét some. （それ［＝封筒］を買いに出かけないといけないでしょう。）

直前に強勢があると無強勢となります。

Well I dón't *have* to ásk how ↘↗yóu are. （まあ、あなたはお元気ですかなんて聞く必要がないわね。）

For the ↘↗móment ┊ I'm afráid that'll júst *have* to ↘wáit. （当座はそれも一寸待たねばならないと思いますが。）

⑵ "had better" では、'd better となることも多いことから、強勢は受けないことが分かります。

So I suppóse he'*d* better ↘sée it, ┊ before we ↗fínally decide. （そこで、かれにそれを見てもらった方がいいと思うわ、私達が最終的に決める前にね。）

It *had* bétter be ↘↗sómewhere ┊ Fránk hasn't been al-↘réady. （フランクが今まで行っていないような所の方がいいわね。）

5.3 do

do についても have と同様のことが言えます。すなわち、一般に本動詞は強勢を受け、助動詞は受けないことが多いのですが、用法によっては受けることもあります。また代動詞としての用法も考慮の対象としなければなりません。

a. 助動詞として

⑴ 疑問文で用いられた場合、文頭にくると、イギリス英語

では強勢があることもあるし，ないこともあります。アメリカ
英語では無強勢が普通です。

Díd you gó to a↗Lóndon hospital? （君はロンドンの病院
に入院したのですか。）

Do you wánt to take a↗bús to Dover? （ドーバー行きの
バスに乗りたいのですか。）

(2)　文頭でなければ一般に無強勢です。

Whát *did* she↘sáy? （彼女は何と言いましたか。）

Hów many níghts *do* we stáy↘thére? （そこに何泊しま
すか。）

(3)　否定形式になれば普通強勢をとります。

I'm afráid I *dón't*↘líke this one very↗múch. （これは
余り好きではありません。）

I *dón't* re↘mémber it. （そのことは覚えておりません。）

否定形式になっていても無強勢のことがあります。

They júst *don't* réalize sóme subjects are↘sérious. （女
というものは，学科の中には大変なものもあるということが一
寸分からないんだな。）

(4)　語順転倒に用いられる do は無強勢です。

↘Séldom⦂ *did* they ásk for↘↗hélp. （かれは助けを求め
たことはめったになかった。）

Hárdly ever *do* I↘trável by bus. （バスで旅行することは
ほとんどない。）

(5)　強調の do は当然強勢を受けます。

But you *dó* knów where you ↘áre. （でも，自分のいる場所はどこかということは確かに分かるでしょう。）

I ↘*dó* use the ↗túbe. （地下鉄は確かに利用していますよ。）

↘*Dó* hurry ↗úp. （急いで急いで。）

b.　代動詞として

代動詞として用いられる場合，ある動詞の反復を避けるためであるから，一般には無強勢が予期されます。

↘Yóu play better ┊ than ↘↗shé *does*. （あなたは彼女よりうまい。）

↘Théy don't ↗líke it, ┊ but ↘↗wé *do*. （かれらはそれが気に入りませんが，私たちは気に入っているのです。）

Máry góes to the uni↘vérsity. —— Só *does* ↘Jóan. （メアリは大学へ通っています。——ジョーンもそうです。）

shall, will, can, must などの助動詞と同様，次のような場合には強勢があります。

Do you líke this ↗béer?——↘Yés, ┊ I ↘*dó*. （このビールは好きですか。——はい，好きです。）

He dóesn't speak ↘Frénch, ┊ ↗*dóes* he? （あの人はフランス語は話しませんね。）

c.　動詞として

普通の動詞と同じく，一般に強勢を受けます。

I belíeve you can *dó* it for ↘nóthing from a ↗cáll box.

（公衆電話から無料でそれができると思う。）

I hópe your＼↗hóliday'll ⁞ *dó* you a lót of＼góod.（休暇
があなたの健康に大変いいと思いますが。）

Is there ánything I can＼*dó* for you?（何かお役に立つこ
とがありますでしょうか。）

5.4 shall, will, should, would

これらの助動詞は普通無強勢で用いられますが，意味，用法
によっては強勢を受けます。

a. 単純未来とか推量を表わす場合は強勢は受けません。

I *shall* be＼búsy all Sep↗témber.（九月中は忙しいでし
ょう。）

The＼Plýmouth people *will* be here↗sóon.（プリマスの人
たちが間もなくここに来るでしょう。）

I dón't knów if I *shall* be áble to＼cóme in Ju↗lý.（私
は七月に参ることができるかどうか分かりません。）

He'*ll* trável to Éurope by＼áir.（かれは空路でヨーロッパ
へ旅行します。）

I'*d* líke to be a＼dóctor.（医者になりたいのです。）

＼↗Réal antiques ⁞ *would* have cóst the＼éarth.（本当の
骨とう品だったら大変な値段だったろう。）

b. 否定形式の shan't, won't, shouldn't, wouldn't は一
般に強勢があります。

I ＼*shán't* be away ↗lóng. (すぐに帰ってきます。)

I *shóuldn't* like＼↗thát one. (それは好きではないのですが。)

I *wón't* come＼↗tóo early, ⫶I＼prómise you. (余り早すぎないように来ます，お約束しますよ。)

It *wóuldn't* last for＼↗éver. (それはいつまでも続くことはないであろう。)

c. 疑問文で文頭にある場合，イギリス英語では強勢を受けることもよくあります。アメリカ英語では無強勢が普通です。

Sháll I↗hélp you? (お手伝いしましょうか。)

Wóuld you shút the↗dóor? (ドアを閉めてくれませんか。)

d. shall が二人称，三人称について，話し手の意志を表わす時，強勢を受けるのが普通です。

You＼*sháll* come. (是非来てもらいますよ。)

I dón't knów if I shall gó to the uni＼↗vérsity.——Oh ＼yés! ⫶you＼*sháll* go. I'll＼páy for you. (大学へ行くかどうか分かりません。——行きますとも，行かせますよ。私が費用を出します。)

無強勢のこともないわけではありません。

You *shall* háve a＼bícycle if you pass your e↗xám. (試験に合格すれば自転車を買ってあげます。)

e. should について

⑴ 義務を表わす should は，一人称では強勢を受けること

が多いのですが，二，三人称では無強勢で使われるのが普通です。

We *shóuld* órder him to↘léave.　(かれに立ち去るよう命じなくてはならぬ。)〔主語が一人称で，そのため強勢を受けている例。〕

You *should*↘cóme.　(君は来るべきだ。)

They *should* wáit tíll to↘níght.　(かれらは今晩まで待つべきである。)

(2)　確実にありそうな未来，期待を表わす場合，すなわち"きっと…であろう"，"…の筈である"のような意味で用いられる場合は大抵強勢を受けます。

He *shóuld* be↘báck↗sóon.　(かれはきっとすぐ戻ってきますよ。)

It *shóuld* reach you↘ány time ↗nów.　(もう今にも届くはずです。)

Véry↘séxy, ⋮ they *should* cáuse a sen↘sátion ⋮ amongst our sérious↘↗néighbours.　(あのサンダルはとてもセクシーなのでお堅い隣人の間にきっとセンセーションをまき起こすであろう。)〔無強勢の場合。〕

(3)　この二つの用法，(1)，(2)で，あとに完了不定詞を伴う時，人称いかんにかかわらず，強勢を受ける傾向があります。

I *shóuld* have táken that médicine↘éarlier, ⋮ but I for↘gót it.　(その薬をもっと早く飲めばよかったのだわ。でも忘

れていたわ。）

You *shóuld* have↘knówn↗thát. （君はきっとそのことを知っていたはずだ。）

しかし，次の文に見られるように，単純未来から来た should ＋have＋p.p. においては，should に強勢が与えられていないことに注意しましょう。上に挙げた最初の文と比較してみて下さい。

I *should* have táken that medicine↘éarlier⋮if you hadn't ↗stópped me. （あなたがとめていなかったら，その薬をもっと早く飲んでいたでしょうが。）[▶ 条件節はしばしば上昇調をとる。]

f. 強い意志，主張を表わす will, would は強勢を受けます。

He *will*↘tálk while I'm writing. （私が書きものをしている間かれはどうしてもしゃべるのだ。）

He *will* try to mend it him↘sélf. （かれはどうしても自分でそれを直そうとする。）

Why *will* you make things↘dífficult for yourself? （どうして君は物事を自分にとって面倒な状態にしようとするのだ。）

If he *wóuld* bet on horse-races in↘spíte of your↗wárn-ings,⋮he de↘sérved to lose his money. （もしかれが君の警告にもかかわらずどうしても競馬に賭けようとしたのなら，かれは金を失ったのも当然であった。）

g. 特有性，典型的性格を表わす will, would は強勢を受けます。

Áccidents *will* ↘háppen. (事故はとかく起こりがちなもの。)

Bóys *will* be ↘bóys. （男の子は男の子ですよ。）

You ↘*wóuld* do a thing like ↗thát. （あなたはそのようなことをする人ですよ。）［現在］

時に強勢なしで使われることもあります。

In the ↗évenings ⋮ he *would* gó for a wálk with his ↘dóg. （夕方には，かれは犬を連れてよく散歩に出かけたものです。）

5.5　can, could, may, might, must

これらの助動詞は意味によって，強勢を受けたり，受けなかったりします。否定形式となれば強勢をとるのが普通です。またイギリス英語では，一般疑問文で文頭にくると強勢を受けることが多くなります。アメリカ英語では普通無強勢です。

a.　can, could

(1)　肯定形式では普通無強勢です。無強勢で，かつ自然の速度で話される時，can は [kən] となるのが普通です。

Nów I *can* téll you a little ↘sécret. （ところで，君に一寸秘密を伝えておこう。）

If ónly we *could* fínd a ↘cáll-box. （公衆電話が見つかりさえすればいいんだが。）

(2)　否定形式は大抵の場合強勢を受けます。

I *cán't* sáy for súre↗yét. （まだはっきりとは言えません。）

I *cóuldn't* see the↘↗éngine, ┊ because the bónnet was ↘jámmed. （ボンネットに物が一ぱい詰まっていたので，エンジンが見えませんでした。）

(3)　一般疑問文で文頭にきた場合，イギリス英語では，直後の音節が強勢を帯びておれば無強勢になり，直後の音節が無強勢であれば強勢を受ける傾向が強くなります。

Can Bób↗swím? （ボブは泳げるかい。）〔直後に強勢のある Bob があるので，Can は無強勢となっている。〕

Cán I stíll↗hópe? （まだ望みがありますか。）〔直後の I が無強勢であるから Can に強勢がある。〕

Cán the cár be re↗páired? （車は修理がききますか。）〔直後の the は無強勢であるため。〕

アメリカ英語では，いずれにしても無強勢が普通です。

Can you téll me where the↘mén's room is? （男子用トイレはどこでしょうか。）

(4)　特殊疑問文の中で "当惑"，"じれったさ" の気持を付加する can は文強勢を受けます。

What↗*cán* he ┊ ↘méan? （一体かれはどういうつもりなのだろう。）

Where↗*cán* he ┊ have↘gót to? （かれは一体どこに着いたのだろう。）

b. may, might

⑴ 許可を表わす用法では，無強勢となるのが普通です。

He *may* dó↘↗thát. (かれはそれはしてよろしい。)［that

▶ が下降・上昇調で言われているのは，他のことと対比して，こちらはだめだが，あれはよい，といった含みのため。］

You *may* ópen the↘wíndow. (窓を開けてよろしいですよ。)

一般疑問文で文頭に位置すると，イギリス英語では強勢を受けることが多くなります。

Máy I gó to the cínema with ↗Jámes? (ジェームズと映画に行っていい？)

Máy I have the↗móney, please? (そのお金下さいね。)

May Í be láying the table while yóu are↗cóoking? (あなたが料理をしている間，私は食卓の準備をしていていいですか。)［対照のため I に強勢があるので，May は無強勢。］

アメリカ英語においては，強勢は受けない方が普通です。

May I gét a↗drínk? (一杯いただけませんか。)

もちろん，アメリカ英語で強勢を受けている例もあります。

Máy I sée an↗óther one? (もう一つ別のものを見せていただけますか。)

否定形式になると，他の助動詞の場合と同じく強勢を受けます。

You *máyn't* have any↘móre. (これ以上だめですよ。)

(2) 可能性，推量を表わす時は強勢があります。

Well, you↘↗*máy* be right. (そうね，君が言っていることが正しいかもしれない。)

She *máy* have been↘lóoking for us. (彼女は私達を探していたかもしれない。)

It↘↗*might* work the other way ： ↘róund, of course. (もちろん，それが逆に作用するかもわかりませんしね。)

上の(1)と(2)では強勢の受け方が異なるので，印刷の上では全く同じように見える次の一組の文も，実は意味が全く違った二つの文であることが分かります。

They *máy* léave the↘róom. (かれらは部屋を出るかもしれない。)

Thзy *may* léave the↘róom. (かれらは部屋から出てよい。)

(3) 依頼の might は強勢を受けるのが普通です。この意味で用いられる時，音調は下降・上昇調であることに注目してください。

She *míght*↘trý to↗hélp us. (彼女は私達を助けようとしてくれてもいいのに。)

You *míght*↘táke me to the↗státion. (駅まで連れて行ってくれませんか。)

You *míght* re↗mínd me ： that I've pút it in thís↘pócket if I begin to get ex↗cíted about it. (もし私がそのことで興奮し始めたら，このポケットに入れていると言って下さい

ね。)

(4) "may as well"（…した方がよい）の慣用表現では一般に強勢があります。

And we *máy* as well↘stíck to them.（そこで，その会社との取引を続けた方がよい。）

We *máy* as well cárry as much as we↘↗cán.（できるだけたくさん運んだ方がよろしい。）

We *míght* as well en↘jóy it, ┊↘míghtn't we?（それを楽しんだ方がいいですね。）

無強勢で使われることもあります。次の例では，might の直後にある just が強勢を持っているので，リズムの関係から強勢を失ったのではないかと思われます。

I *might* júst as well de↗cíde ┊ónce for↘áll what I'm going to↗háve, ┊and álways go to the sáme↘pláce for it.（何を買うかきっぱりと決めて，それを買うのにいつも同じ店へ行った方がよい。）

c. must

(1) 義務の must は一般に強勢を受けないのですが，意味を強めるために強勢を持つこともあります。

But you *must* be hére for Christmas↘↗dínner.（でもクリスマスの晩さんには，ここに来なくてはいけませんよ。）

You *must* be quíck if you wánt to get your shópping done in↘tíme.（もし買物を間に合うように終りたいと思え

ば，素早くしなくちゃだめよ。）

Thát's the addréss you *must* ↘sénd it to. （そこがそれを送る宛先です。）

↗Wéll, ⋮ Í *must* be getting a↘lóng. （それでは，私はおいとましなくては。）

　強調されている場合とか，否定形式になった場合とか，イギリス英語においては，文頭にきた場合には強勢を受けるのが普通です。

I réally *múst* be more↘cáreful about↗thát ⋮ in the ↗fúture. （これからは，本当にそれについてはもっと注意しなくては。）

↘Wéll, ⋮ I *músfn't* ↗stóp you. （おや，ひきとめてはいけませんね。）

Múst it be fínished to↗dáy? （今日それを終えなくてはなりませんか。）

　must の発音は，強勢があれば [mʌst]，なければ [məst] が普通です。

　(2)　推定（…にちがいない）の must は一般に強勢を受けます。

It *múst* wéigh a↘tón. （1トンも重さがあるにちがいない。）

She *múst* spend a↘fórtune on them. （彼女はそれらにきっと一財産を費すだろう。）

She *múst* have béen on hóliday for over a ↘wéek. (彼女は一週間余り休暇をとっていたにちがいありません。)

You *múst* be ↘crázy. (気でもふれたにちがいない。)

この意味でも，強勢を受けずに使われることもあります。

It *must* be ↘márvellous ⋮ to ríde for míles and míles in ópen ↗cóuntry. (広々とした土地を，何マイルも何マイル馬に乗って行くというのは，すばらしいことにちがいない。)

5.6 ought (to), used (to)

a. ought (to) は義務，当然，見込等の意味でも文強勢を受ける傾向が強い語と言えます。

I thínk we *óught* to have a ↘gúidebook. (ガイドブックがいると思うわ。)

↘Wéll, ⋮ I suppose we *óughtn't* to have stáyed ↘tálking so long. (ところで，われわれはこんなに長いことしゃべってお邪魔しなきゃよかったと私は思いますよ。)

They *óught* to be hére↘ ↗sóon. (かれらはじきに来るはずだ。)

b. used (to) も一般に強勢をとります。

Whén I was in↘ ↗Bélgium ⋮ I *úsed* to smoke those níce ↘Dútch ones. (ベルギーにいた頃はあれらのいいオランダ製のものを吸っていましたよ。)

Well, Dad *úsed* to go évery↘wéek before the↗wár. (と

ころで，お父さんはね，戦前毎週（ぶっとばしに）行ってたん
だよ。）

　強勢のない場合もあります。

　I *used* to cóme and do ódd↘jóbs.（私は片手間仕事をしに
やって来ていたものだ。）

5.7　dare, need

a.　dare

　助動詞としては普通は肯定文で用いられませんが，慣用的な
表現 I dare say, I dare swear においては例外的に肯定文の
中で助動詞として用いられます。強勢の受け方は微妙で，否定
形式になったり，特にイギリス英語で文頭位置にある時以外
は，強勢が弱められることが多いようです。

　I néver *dáre*↘gó there.（そこへ行く勇気がない。）〔強勢あ
り。〕

　Nóbody *dare*↘spéak to him.（思いきってかれに話しかけ
るものはいない。）〔無強勢。〕

　I *dáren't*↘téll you what she↗sáid.（彼女の言ってたこと
を君に話す勇気はない。）

　Dáre I take the↗rísk?（私があえて危険を冒すだろうか。）

　脅迫を意図する時の dare は核強勢をとります。

　You↘*dáre* touch me!（おれに手を触れられるものなら触れ
てみろ。）〔▶ dare が中心的な強勢を受け，ピッチの下降が聞

かれ，下がったままのピッチが文末まで続く。]

Dón't youˎ*dáre* tell lies. (ずうずうしく嘘なんか言うな。)

本動詞としての dare は強勢を受けるのが普通です。

He dóesn't *dáre* toˎdó it. (かれはそれをやる勇気はない。)

b.　need

need も dare と同じような傾向があると考えてよいわけですが，どちらかというと，否定形式とか文頭の位置を除いては，dare よりも強勢を失うことが多いようです。

Nóbody *need*ˎ↗wórry about it. (誰もそのことについては心配する必要はありません。)

Whý *need* youˎbóther with it? (そんなことをなぜ気にする必要があるのか。)

否定形式では強勢を受けます。

You *néedn't*ˎ↗húrry. (急ぐ必要はありません。)

特にイギリス英語では文頭で強勢を受ける傾向があります。

Néed they stay any ↗lónger? (もっといなければいけませんか。)

6. 形 容 詞

　俗に記述形容詞とか性質形容詞と呼ばれてきた普通の形容詞は一般に強勢を受けます。同様に数量形容詞も文強勢をとるのが普通です。代名詞的形容詞は代名詞の項で扱っていますから，その部分を参照していただきます。冠詞は，この章で取り扱います。

6.1　性質（又は記述）形容詞

　現在分詞，過去分詞を含んで，この種の形容詞は通常強勢を受けます。

　Pláy your *fávourite* ↘récord.　（お気に入りのレコードをかけてくれ。）

　The kítchen was ↘*smáll* ┊ and *fúll* of ↘fírelight.　（台所は狭く，炉火の光があふれていた。）

　Hów would you líke *réd* and *whíte* ↘strípes for curtains?（カーテンに赤と白のしまはいかがでしょう。）

　I héard her sáying that óurs are gétting véry *fáded* and ↘*shábby*.　（うちの（カーテン）はとても色あせて，みすぼらしくなっていると彼女が話しているのを耳にした。）

Has he bróught anything ↗*interesting?* (かれは何か面白
いものを持ってきましたか。)

I'm súre they'd be *pléased* to↘↗háve me. (あの人達は
私が行くときっと喜ぶよ。)

6.2 数量形容詞

a. many, much, few, little, enough, several, no 等の
形容詞は普通強勢を受けます。

Áre there *mány*↗físh in the river? (その川には魚はたく
さんいますか。)["川" は古い情報として扱われ，強勢は受け
ない。]

She hásn't given us *múch*↘↗nótice, ┊ ↘hás she? (あの
人ったら余り予告してくれなかったわね。)

Dón't spend *móre* móney than you↘éarn. (かせぎ以上
の金を使うな。)

There are a *féw*↘↗smáll ones. (小さなのが少数ある。)

Of course a↘↗sóccer team ┊ has *féwer*↘pláyers. (もち
ろん，サッカーの方が一チームの選手の数は少ない。)

There were *séveral* mis↘↗tákes. (いくつかの間違いが
ありました。)

しかし，これらの語は周囲に強勢のある語がくると，簡単に
強勢を失う傾向がありますので，無強勢の場合も珍しくありま
せん。

It wón't táke *many*↗mínutes. (余り時間はかからないで
しょう。)

There's tóo *much*↘blúe in it. (青色が余りにも多すぎま
す。)

You should shów *more*↘cáution. (あなたはもっと慎重さ
を示すべきだ。)

Sómetimes shé and her↘↗párents ⋮ spénd a *few*↘dáys
there ⋮ at↘Éaster-time. (彼女とその両親は，復活祭の休み
に数日をそこで過すことが時にあります。)

b. a lot of, plenty of は強勢を受けるのが普通です。

I shall be thére quíte *a*↘*lót of* the time, ⋮ dúring
↗Chrístmas. (クリスマスの間は，そこにいることが多いで
しょう。)

He got *a lót of* cópies of the↘sóng. (かれはその歌を何
部も手に入れた。)

They've got *plénty of*↘↗róom next door. And *plénty
of* fóod↘tóo, ⋮ I ex↗péct. (隣に十分場所があるし，食物も
またたくさんあると思いますよ。)

You'll get↘↗wéll again ⋮ if you have *plénty of*↘rést.
(もし十分休息をとれば，またよくなりますよ。)

無強勢のこともあります。

But you wáste *a lot of*↘tíme ⋮ going↘shórt distances
by↗túbe. (しかし，短い距離を地下鉄で行って，時間を多く

無駄にしているよ。）

 c. half, most も強勢を受けます。特に most は核強勢をとることもよくあります。

↘↗*Hálf* the people ┊ áren't ↘hére yet.（まだ半分の人は来ていません。）［people に強勢がないのに注意。］

Hálf the class have ↘pássed.（クラスの半分の者がパスした。）

In ↘*móst* re↗spécts ┊ it's líke ↘óther people's jobs.（ほとんどの点において，それ［＝作家の仕事］は他の人たちの仕事に似ているのです。）

↘↗Nówadays ┊ ↘↗*móst* players in a team ┊ wánder all ↘óver the pitch.（このごろは，チームの大抵の選手はグラウンド中をふらつくのだ。）［▶ nowadays は文頭に来れば，この例のように下降・上昇調になるのが普通。対比の含みで用いられるからであろう。］

 d. 数字も一般には強勢があります。

Móst of the ↘↗óther parts of the Tower ┊ were added bít by ↗bít ┊ during the néxt *thrée* or four húndred ↘yéars.（その後四，五百年の間に，塔の他の部分のほとんどが少しずつ付け加えられたのです。）［four はリズムの関係で無強勢。］

The *thrée* áthletes were óut of ↘bréath.（その三人の競技者は息をはずませていた。）

You had a sáusage róll and *twó* big píeces of ↘frúit

cake ┊ with your ↘cóffee.（あなたはコーヒーを飲んだ時，ソーセージ・ロール一つと大きなフルーツ・ケーキを二つ食べたでしょう。）

6.3 その他，特殊な形容詞

a. 順序を表わす last, next 等は意味の上からは次に来る名詞よりも重要なことが多いので，音調群の終り近くに位置している時，核強勢をとることが多くなります。

It's háppened ↘dózens of times, ┊ but I símply cán't resíst máking the sáme mistáke on the ↘*néxt* occasion.（それは何十回となく起こりましたが，私は次に機会がくれば，また同じ失敗をどうしてもやってしまうのです。）

It was delívering the brícks for the ↘*third* house.（それ［＝トラック］は三番目の家にレンガを配達していたのです。）

b. 強意的形容詞 tremendous, brilliant, excellent, great 等も核強勢をとる可能性は相当強くなります。

And ↘↗áfterwards ┊ Dád gave a ↘*márvellous* impromptu speech.（そして，あとでお父さんはすばらしい即席スピーチをしましたよ。）

And then óne of the Mánchester ↘↗fórwards ┊ sent in a *tre↘méndous* shot. And Fráncis Cóok made a ↘*brílliant* save.（そしてそれからマンチェスターのフォーワードの一人がすごい球を蹴り入れたのです。するとフランシス・クックが

見事に防ぎました。）

Thát was an ↘*éxcellent* tea, Anne.（アン，とてもおいしいお茶だったよ。）

Fránk's got some ↘*gréat* news, ┆ ↘háven't you, Frank?（フランク，何かいいニュースがあるんだろう。）

このような強意的形容詞に続く名詞は，新しい情報として使用されているにもかかわらず，形容詞を強める気持に一歩譲っています。

c.　such も強勢を受けるのが普通です。それに，核強勢をとる可能性もかなりあります。

He's *súch* a per↘féctionist.（かれはそんなにも完全主義者なんです。）

It'll be ↘*súch* a treat when it's all ↗dóne.（ペンキ塗りがすべて終ると，とてもよくなるでしょう。）

I'm glád to ↘háve him. ↘*Súch* a nice boy.（あの子に来てもらってうれしい。あんなにいい子だから。）

d.　like（似ている，…のような）は性格上形容詞というよりは前置詞と考えられることの方が普通なので，その項で扱う方がよいのですが，ここで簡単に触れておきます。like は強勢を受けることもよくありますが，リズムの関係で強勢を失うこともよくあり，必ずしも一定していません。

You knów what Jóhnson's ↘*like*.（ジョンソンはどういう人か君知っているだろう。）

There's nóthing ↘*like* it. （それに及ぶものはない。）

look (feel, smell) like の形になったり，強勢のある just のあとでは，like は強勢を受けないのが普通です。

It lóoks *like* sóme of Ánne's hómemade bláckcurrant ↘jám. （アンの手製の黒すぐりジャムみたいだね。）

There's óne [=a parcel] for ↘↗Jóan ┆ that féels *like* a ↘bóok. （手ざわりが本のような感じの小包が一つジョーン宛に来ているよ。）

And óne for ↘↗Dád ┆ that smélls *like* ci↘gárs. （それにお父さんには葉巻のようなにおいのする小包が来ているよ。）

Júst *like* sardínes in a↘tín. （まるでかん詰になったいわしみたい。）

例を見ても分かるのですが，like の直前に強勢のある音節があれば，これもリズムの関係で，強勢が消失するわけです。その程度しか強勢を受けないということになります。

6.4 冠 詞

冠詞は普通強勢を受けないのは周知の通りですが，"典型"とか"代表"の意味で強意を表わしたり，"一つ"であることを強調的に言う場合は，"the" は [ði:]，"a" は [ei] と発音され，強勢を受けます。しかも，核強勢を受けて，音調群の中心となることもよくあります。

Is he ↘*thé* Mr. ↗Jóhnson?——No, he's ↘*á* Mr. ↗Jóhnson,

80

but not the↘fámous one.（あの人がかのジョンソンさん
ですか。──いいえ，かれはジョンソンという名の方ですが，
有名なジョンソンさんではありません。）

6.5　並列された複数の形容詞と副詞を伴った形容詞の強勢パターン

a.　young, old, little, poor のような形容詞は他の形容詞
に後続する時，強勢を失うのが普通です。

She's a remárkable *old*↘lády.（彼女は驚くべきおばあさ
んですよ。）

The póor *old* Mórris has béen in a↘crásh.（かわいそう
にあのモリス［＝車］がめちゃめちゃだよ。）

So Fióna hád the i↘↗déa⋮of paying our re↘↗spécts
to him⋮by órganizing a quíet *little* re↘tírement party⋮
in óur↘gárden.（そこで，私どもの庭で落着いたささやかな
引退パーティを催して，かれに敬意を表したら，という考えを
フィオーナは持っていたわけです。）

b.　a.で挙げたような形容詞でなくても，二つ目の形容詞は
リズムの関係もあって，強勢を失うことがよくあります。

But I líke the bríght *red*↘↗bérries.（でも私は鮮やかな
赤色をしたいちごが好きです。）

He hásn't got a lóng *white*↘béard.（かれには長い白いあ
ごひげがありませんよ。）

But I can⟍prómise you that the órders'll be des-
⟍↗pátched within the néxt *ten*⟍dáys. （しかし，この十
日間以内に，注文品をお送りすることをお約束できます。）

After⟍áll, óne *good* túrn deserves an⟍óther. （結局，
情は人のためならずだよ。）

    c. 二つの形容詞がそれぞれ重要で，独立している場合は，
二つ共強勢を受ける傾向があります。特に二つの形容詞が接続
詞で結びつけられている時はこの傾向が強くなります。

Whén you've áll↗fínished I suggést a *góod brísk*⟍wálk.
（みんな終えたら，元気よく十分散歩したらどうだい。）

Sóme of the wóoden pósts are⟍rótting, and the *néxt*
stróng⟍↗wínd might bring the whóle dámned⟍thíng
down. （木製の柱の中にはくさりかけているものもあるし，今
度強い風が吹けば，垣根全体が倒れてしまうことになるかもし
れませんね。）

They've got a *smáll* but *chárming*⟍gárden. （かれらは
小さいが魅力的な庭を持っています。）

    d. 副詞と形容詞の組合せについても，以上と似たようなこ
とが言えます。すなわち，Adv＋Adj＋N のパターンであれば，
副詞に強勢があり，形容詞が無強勢になる可能性が強くなりま
す。

Well you see he's a véry *good*⟍góalkeeper. （ところで，
かれはすばらしいゴールキーパーだろう。）

At least there wásn't só *much* ↘tálking ↗thén. （少なくともその時には余りせりふもなかったし。）

Múm suggésted the véry *same* ↘thíng ┊ at ↘bréakfast time. （お母さんが朝食の時にまさに同じことを，それとなしに言ったわ。）

副詞のあとの形容詞も当然強勢を受けることがあります。

It demánds regu↘lárity ┊ and prétty *stríct* ↘díscipline. （それは規則正しさとかなり厳しい規律を必要とする。）

He's a↘ ↗fíne horse, ┊ but he's got a ráther *násty* ↘témper. （あれはいい馬だが，ややかんしゃく持ちだ。）［horse は既知の情報となっているため，無強勢となっている。］

e. Adv＋Adv＋Adj のパターンをとっている時も，二番目の副詞が強勢を失うのが普通です。

It's áll very *wéll* for↘hím. （かれにとってまことに結構である。）

It's só much↘*qúicker,* ┊ ↗thát way. （そうした方がそれだけ早いよ。）

I'd lóve to ríde him my↘sélf, ┊ but he's múch too ↘*bíg* for me. （その馬に乗ってみたいな。でもぼくには余りにも大きすぎるよ。）

↘↗Sómehow, ┊ on áll the sets↘ ↗Í've seen, ┊ the cólours look múch too↘*bríght.* （どういうものか，私の見たテレビはすべて色が余りにも鮮かすぎるように思えます。）

7. 副　詞

　副詞は形容詞と同じく強勢を受ける可能性は強いと言えます。しかし，副詞といってもいろいろあるので，必ずしも一定しておらず，周囲の状況によっても，強勢を消失することがよくあります。便宜上，場所，時，程度，様態等を表わす副詞に分類して，それぞれの強勢の受け方を検討してみることにします。

7.1　場所を表わす副詞

　この種の副詞では here と there が最もありふれた語ですが，共に無強勢で用いられることが多く，対照の含みのある文とか普通の命令文などで強勢を受けます。また，in here とか over there のような副詞句になった時も，一般に強勢をとります。

　先ず，強勢のない場合。

　There are tóo many ↘péople *here.*　（ここには人が多すぎます。）[There is（または are）の形で"存在"を問題にしている形式主語 there は通常無強勢。]

　Hów soon óught we to ↘gét *there?*　（いつまでにそこに到着しないといけないの。）

Do you ↗óften go *there?*（よくそこへ行きますか。）

次に，強勢を受ける場合。

↘Káte, ⋮ I wánt you to sít ↘*hére.*（ケイト，ここに坐ってほしいんだ。）［対比が感じられる。］

Pút it ↘*thére.*（そこに置きなさい。）［命令文］

It's prétty ↘stífling in ↗*hére.*（この中はかなり息苦しい。）

The ↘↗búses and so on ⋮ gó róund over ↘*thére.*（バスなどはそこで回り道をするのだ。）

↘*Thére's* the ↗lórry.（ほらトラックが来たよ。）［この場合の there は無強勢の場合の there と用法が異なることに注意。］

その他の副詞は強勢を受けるのが普通です。

Áre you súre you didn't léave them up ↗*stáirs?*（それ［＝めがね］を二階へ置き忘れていないのは確かなの。）

Is ánybody a ↗*bóut?*（誰かいるの。）

7.2 時を表わす副詞

一般に短い副詞である ago, now, yet は強勢なしで用いられるのが普通です。その他の副詞は大体強勢を受けると考えてよろしい。たとえば afterwards, already, early, ever, immediately, later, never, nowadays, occasionally, soon, still, suddenly, today は強勢をとります。

a. 先ず，一般に強勢をとらない ago, now, yet の例を見ましょう。

The pórter says it léft fíve ↘mínutes *ago*. （駅の赤帽は，その列車は5分前に出た，と言っている。）

Hów óld is your ↘són *now?* （君の息子さんは今何才ですか。）

Háve you decíded what to ↗búy *yet?* （もう何を買うか決めたの。）

ただし just now となった時の now は強勢を持っています。

You séemed to be ↘límping just ↗nów. （あなたはついさっきびっこをひいていたようだったわ。）

b.　先に強勢を受ける語として示した副詞の例を見ることにします。

We can have ↘súpper ⋮ ↘áfterwards. （あとで夕食をとることができます。）

You've áll been very kínd al ↘réady. （みなさんはすでにとても親切にしてくれています。）

We stárted ↘éarly. （われわれは早く出発した。）

Do you *éver* ́go to any of the bíg ↗prívate gardens that are open from time to time? （時々公開される個人の大庭園に行くことがあるかい。）［▶ private 以後は文強勢を持つ語がないので，これよりあとは最後まで少しずつ上昇するイントネーションで言われることになる。］

She ↘néeds them ⋮ *im* ↘médiately. （彼女はそれを直ちに必要としている。）

Í'll come dówn again↘láter.（私はあとでまたやって来ます。）〔again は無強勢になっている。〕

Though I'm práctically *néver* in the Cíty for any ↘óther reason↗*nówadays,* ⦙ I kéep ón going to the bárber I↘úsed to go to.（このごろは他の理由ではシティーに行くことはほとんど皆無だが，前に行っていた散髪屋にはまだ行っている。）

I úse them *oc*↘↗*cásionally* ⦙ if my↘úsual↗shóp ⦙ hásn't got the ríght↘sízes ⦙ and↘shádes and so on.（もし行きつけの店に，サイズや色合いのピッタリしたものがなければ，時々そこも利用します。）

We dón't *óften* get wínters as bád as↘thís, though.（こんなにひどい冬もそう多くはないのですが。）

Nów we'll↘sóon be home.（さあ，すぐに家に帰れますよ。）

I suppóse it's *stíll*↘↗póuring.（まだどしゃ降りだと思いますよ。）

Can we máke an appóintment *to*↗*dáy?*（今日予約がとれますか。）〔today, yesterday などが強勢を受けた場合，対比の含みがあることが多い。すなわち，他の日と対比しているわけである。〕

7.3 程度を表わす副詞

a. almost, jolly, just, less, much, nearly, pretty, quite, rather, so, that, very のような，程度を表わす副詞は原則的に強勢を受けます。しかしリズムの関係によって強勢を失うこともよくあります。それだけ，これらの副詞は強勢に関してはやや不安定ということになります。強勢のある例を先ず挙げます。

Yes, we're *álmost* réady for Aunt↘Súsan and family. （はい，私たちはスーザン叔母さんと家族のためにほとんど準備ができています。）

Well, it was *jolly* bád↘lúck. （そうですね，とても運が悪かったわけです。）

He lives *júst* round↘hére. （かれはちょうどこのあたりに住んでいる。）

It's *múch léss* con↘fúsing than↗búses ⫶ for a↗stránger. （それは土地不案内な者にとってバスよりもずっとまごつきませんよ。）

Ísn't it *néarly* tíme for↗lúnch? （そろそろ昼食の時間じゃないの。）

Thíngs are *prétty*↘lívely ⫶ when Dáne and↘↗Fóssy are around. （デーンとフォシーが周りにいると相当にぎやかになるわね。）

Well, I'm *ráther*↘búsy to↗dáy. （そうですね，今日はど

ちらかというと忙しいのです。）

And in ⟍ány case⋮my máths isn't all⟍↗thát good.（それ
に，いずれにしても，私の数学はそれほどよくはありません。）

That's *véry* ⟍thóughtful of you.（とても気を使っていた
だいてありがとう。）

次に無強勢で使われている例を見ましょう。

Yes, and *nearly* évery hóuse in the⟍róad has a Christ-
mas tree, ⋮ ⟍tóo.（そうです。それにこの道路のほとんどどの
家にもまたクリスマスツリーを飾っていますよ。）

I expéct he's *pretty*⟍búsy just↗nów.（かれはちょうど今
かなり忙しいと思いますよ。）

The gróund's *quite* fúll al⟍réady.（競技場はすでにずい
分満員になっています。）

You máke it lóok *so* ⟍éasy.（あなたがするととてもたやす
く見えますね。）

But wórking at the⟍↗stábles⋮dídn't seem áll *that*
⟍úseful.（しかし馬屋に勤めることは，それほど役に立つこと
のようには思えませんでした。）

上の例を見ると，リズムをよくするために問題の副詞が強勢
を失っている場合が多いことが分かります。

b. "およそ"という意味の about と as＋Adv/Adj＋as の
最初の as は強勢は普通とりません。

They're *about* the⟍bést of us↗fírst-year people.（あの

二人は，われわれ一年の連中の中で最優秀と言ってよいくらいだ。）

It's *about* the sáme＼síze as that ↗Híllman, ┊ and *about* the same＼príce↗tóo.（それ［＝フォード・コルチナ］はあのヒルマンと大体同じ大きさだし，また大体同じ値段でもある。）

Her hánds were *as* cóld as a blóck of＼íce.（彼女の手は氷の塊りみたいに冷たかった。）

The gírl was *as* frésh as the mónth of＼Máy.（その女の子は五月のようにさわやかであった。）

c. 意味を強める副詞である awfully, enormously, extraordinarily, extremely, highly, perfectly などは，文脈に関係なく核強勢をとる傾向があります。したがって，次に来る形容詞の文強勢を奪ってしまうわけです。

They'll be＼*áwfully* pleased.（かれらはすごく喜ぶでしょう。）

We hád ex＼*tráordinarily* beautiful weather.（まことにもっていい天気でした。）［後続の形容詞のみならず，名詞までも強勢は弱められている。もっとも，こういう場合でも，形容詞と名詞は部分的には強勢を保っている。］

The stóry was ex＼*trémely* dull.（その短篇小説は実に退屈であった。）

Yes, he múst have been＼*highly* delighted.（そうです。かれは大いに喜んだにちがいありません。）

I can remémber it áll↘*pérfectly* well. （それはすべて全くはっきりと思い出すことができる。）

7.4 様態を表わす副詞

a. 形容詞＋lyの形態をとった副詞はたくさんありますが，一般に強勢を受けます。音節の数が比較的多いこともあって，比較的強勢を失いにくいようです。

The wátchmen were chátting↘*chéerfully*. （夜警は陽気にしゃべっていた。）

He's *in*↘*crédibly* ⁚ ↘*táme*. （かれは信じられないくらい従順です。）

Créep as *quíetly* as you↘*cán*. （できるだけこっそりと歩け。）

Beháve↗*thóughtfully*. （思慮深い態度をとりなさい。）

It súits you very↘*wéll*, madam. （奥様，とてもお似合いですよ。）

b. 文を修飾する副詞は強勢を受け，特に核強勢をとることが多くなります。

↘↗*Fórtunately*, ⁚ I háven't lost↘*ány* plants through the ↗*fróst*. （幸運にも，霜のために植物は一本もだめにすることはなかった。）

↘↗*Lúckily*, ⁚ we've gót a táp in the↘↗*céllar* ⁚ that we can use withóut letting wáter thróugh to the↘*tánk*, ⁚ so we cóuld⌄gét some. (幸運にも，地下室には水をタンクへずっと通さなくても使える蛇口があります，そこで水が手に入ったのです。)［▶ 文修飾副詞は文頭で下降・上昇の音調をとることが非常に多い。］

7.5 その他，いろいろな副詞

a. 確言の副詞

yes, no, not, certainly, probably, really などは確言の副詞という名で呼ばれることがありますが，一般に強勢を持ちます。

So you en⌄jóyed the visit to the Motor Show last Saturday, John.──⌄*Yés*, ⋮ véry much in⌄déed, Peter. (で先週の土曜はモーターショーに行って楽しんだわけだね，ジョン。──その通り，とてもね，ピーター。)

Cóuldn't you máke it sóme dáy⌃this week?──⌄*Nó*, ⋮ I'm afráid⌄nót. (今週のほかの日にしてもらえませんか。──いいえ，だめなんです。)

It's *nót* too⌃hót, ⋮ and *nót* too⌄cóld. (暑すぎることもないし，寒すぎることもありません。)

Thát *cértainly* súits you much⌄⌃bétter. (確かにその方がはるかに似合います。)

You⌄⌃*próbably* ⋮ left them at the⌄óffice. (あなたはおそらく事務所に忘れたのでしょう。)

It's *really* nó↘úse. （それは本当に役に立たない。）

　yes と no は強勢を失うことが多いのですが，yes は特にこの傾向が目立ちます。

Re↘mémber us to them ⋮ ↗wíll you?——*Yes,* we'll ↘dó↗thát. （かれらによろしく言って下さい。——はい，承知しました。）

You're púlling my↘lég.——*No,* ↘hónest. （君はぼくをからかってるんだ。——いいえ，正直に言ってるのよ。）

　not も of course not とか not yet の結びつきでは強勢がなくなります。

Oh↘nó, ⋮ of↘cóurse *not.* （ああ違います，もちろんそうではありません。）

Do you↗wórk in the city, Mr. Lane?——Not↘yét. （レインさん，市内で働いていますか。——いいえ，まだです。）

　b.　接続詞的に文頭で用いられる副詞

　接続副詞と呼ばれるものに大体相当する副詞は文頭で用いられ，強勢を受けますが，特に音調的には独立して，核強勢をとる傾向があります。anyhow, anyway, besides, consequently, however, meantime, otherwise, somehow, still について例を挙げておきます。

　↘*Anyhow,* ⋮ he's an éxcellent↘↗árchitect. （いずれにしてもかれは優秀な建築家です。）

　↘*Anyway,* ⋮ whý not ásk↘Fránk? （とにかく，フランク

に尋ねてみたら。）

Be↘*sídes,* ⋮ Dáve and↘Tóny said they'd be there.（その上，デーブとトニーがそこへ行くと言ったんだ。）

↘↗*Cónsequently* ⋮ I cán't be wéll↗dréssed ⋮ ↘ányway.（したがって，いずれにしても私は服装はだめなのです）

How↘*éver,* ⋮ mýth or↘nó myth, ⋮ they both thórougly ↘révelled in it.（しかし，作り話であろうとなかろうと，それを大いに楽しんだのです。）

↘↗*Méantime,* ⋮ you can bóth be gétting ón with your ↘córnflakes.（その間に二人共コーンフレークを食べ続けることができますよ。）

↘↗*Ótherwise* ⋮ we'd have béen on↘tíme.（そうでなかったら時間が守れていたでしょう。）

↘↗*Sómehow,* ⋮ on áll the sets↘↗Í've seen, ⋮ the cólours look múch too↘bríght.（どういうものか，私の見たテレビはすべて色が余りにも鮮かすぎるように思えます。）

↘*Stíll,* ⋮ he'd hád his ten dáys in the↘↗Lákes, ⋮ ↘hádn't he?（それでも，かれは湖水地方で十日過したのでしょう。）

c. "…もまた"の意味の too

"あまりにも"の意味で用いられる too はリズムの関係で強勢を失うことがよくありますが，"also"の意味の too は常に文強勢を受ける上に，単独で別の音調群を形成して，核強勢をと

ることもあります。

We'll ásk your fáther to come, ↘*tóo.* (君のお父さんにも来てもらうようお願いするつもりです。)

Shé was óne of Hénry's dáughters↘*tóo,* ┊ ↘wásn't she? (彼女もヘンリーの娘の一人でしたね。)［She に強勢があるのは，too はこの語と結びついていることを示しているからである。］

↘Símon's there, ┊ ↘*tóo.* (サイモンもそこにいますよ。)

d. 文末の though

文末に置かれる though は，意味の上からも付加的ですので，強勢は受け難い語です。

↘Wáit a minute, *though.* (でも，一寸待って下さい。)

I wónder whether it's bést for the órdinary↘pérson, *though.* (もっとも，それが普通の人にとって一番いいことなのだろうか。)

We'll háve to chánge the↘↗páirs, *though.* (もっとも，ペアを入れ替えないといけないけどね。)

この though も低い上昇調の強勢を受けることが時々あります。

It ［＝the leave］góes fríghtfully↘fást, ↗thóugh. (休暇はおそろしいほどの速さで過ぎてしまうのです。)

e. either, else, off, only, on 等

either は肯定，否定の文脈を問わず，強勢をとるのが普通で

す。もっとも肯定文中の either...or の場合は接続詞として扱われていますので，その項を参照していただきます。

And the↘↗téa wasn't bad ┊ ↘*éither,* ┊ ↘wás it?（それにお茶も悪くありませんでしたね。）

He dóesn't líke↘hórse-riding, ┊ ↘*éither.*（かれは乗馬も好きではありませんね。）

else も強勢を受けます。

Or is there ánything↘*élse* we can do?（それとも，私たちに出来ることがほかにあるのでしょうか。）

She's háving the mórning↘*óff.*（彼女は午前中休みをとっています。）

劇，番組，催し物などが"行われて"，"始まって"，"上演されて"という意味の on は強勢をとります。

It'll be↘*ón* in a few↗mínutes.（それは数分で始まりますよ。）

only も強勢をとるのが普通です。

It was *ónly* a ciga↘↗rétte lorry that was hi-jacked.（ハイジャックされたのは，煙草運搬トラックだけでした。）

f. 比較級，最上級の more, most

比較級，最上級を示す more, most は強勢を受けない方が普通です。

I mean, I thóught you'd be *more* ínterested in↘sóccer.（つまり，あなたがもっとサッカーに興味があるだろうと私が

思っていた，ということなんです。）

In fáct it's máde it *more* ↘dífficult.（実際，そのためにどの車種に決めるかをより難しくしてしまったのです。）

The *most* un↘líkely marriages ┊ ↘dó turn out↗wéll.
（最も成功しそうにない結婚が結局はうまい具合になるものなんですよ。）

I'm plánning to stréngthen the fénce in the frónt ↘gárden, ┊ and ángle-irons would be the *most* sénsible ↘thíng.（前庭の垣根を頑丈にしようと思っていますが，アングル鉄が一番実際的でしょう。）

したがって，次の二つの文の間には意味の差があると考えられます。

(イ) There were *more* quárrelsome↘péople there↗yésterday.

(ロ) There were *móre* quárrelsome↘péople there↗yésterday.

(イ)は，「もっと口論好きな人々」がいたのに対して，(ロ)は，「口論好きな人々がもっと多く」いたことを示しています。

しかし，アメリカ英語においては比較級の more，最上級の most も強勢を受けることがよくあるようです。

It's our lást hóliday of the↘yéar ┊ and perháps the *móst* ↘pópular one.（それ［＝クリスマスの］は一年の内で最後の休日で，おそらくは最も人気のある休日でしょう。）

g. 並列された副詞の強勢パターン

（1） 二つの副詞が並んだ場合は，第一の副詞は強勢を失い，第二の副詞は強勢を保つ傾向があります。

You know, he pláys *very* ＼*wéll* ／nów. （ご存じの通り，かれは今はとても上手に弾きますよ。）

I róde *very fást* and over ＼tóok her. （ぼくは非常にとばして，その子に追いついたのだよ。）

　上の二つの例では，第一の副詞の直前に強勢のある音節があるためと考えられますが，次の例では，直前の動詞が無強勢で，副詞が二つ共強勢を受けています。

He sáid he'd like to go *véry* ＼*múch*. （大変行きたいのですとかれが言った。）

（2） 二つの副詞のあとに動詞が来ている場合は，上の逆で，第一の副詞が強勢を受け，第二の副詞は強勢を失う傾向があります。

It's *ex* ＼*trémely well* ／wrítten, and móst a ＼músing in ／párts. （それはとてもよく書けており，まことに面白い箇所もところどころある。）

But she wásn't ＼／húrt much. *Júst very* ＼fríghtened. （でも大したけがではなかったよ。ただおびえていただけだよ。）

　副詞が二つ共強勢を受けている例もたくさんあります。結局二つ目の副詞の性格に関係があると考えられます。次の例では，二つ目の副詞 highly は強勢を保持しています。

My voice was *véry highly*↘práised as a↗chíld. （私の声は子供の頃とてもほめられたのよ。）

（3） 副詞が三つ並んだ場合も，上の(2)と同様の傾向が見られ，二番目の副詞がともすると無強勢になりがちです。

It's *múch too fár* to↘↗wálk, ┊ if↘↗thát's what you're thinking. （もし歩いて行こうと思っているんだったら，余りにも遠すぎるよ。）

Like↘↗thát, ┊ we were áble to get *quite far a*↘*field* from Por↗trée. （そんな風にして，ぼくたちはポートリーから相当遠く離れたところまで行けたのさ。）

もちろん，副詞が三つ連続していても，三つ共強勢を持つ例も少なくありません。

So you en↘jóyed your first visit to Cornwall, Dominique.── *Véry múch in*↘*déed*, Mrs. Jeffries. （そこで，ドミニーク，コンウォールの初旅行を楽しんだわけね。──とてもね，ジェフリーさん。）

8。接　続　詞

　接続詞と言っても様々で，強勢の受け方も一様ではありません。非常に大ざっぱに言って，単音節の接続詞は無強勢になる傾向があるわけですが，文中の位置によって，条件が変わることもあります。便宜上，等位接続詞と従位接続詞に分けて，個々の接続詞の強勢の有無を検討してみましょう。

8.1　等位接続詞

　a.　and, but, or, yet, for, both...and のような接続詞は一般に強勢は受けません。

　Pick up the páck of ↗cárds ┊ *and* ↘cóunt them. (その一組のトランプを取って，枚数を数えてごらん。)

　Dón't ↗grúmble ┊ *and* dón't get ↘ángry. (不平を言うな，そして腹を立てるな。)

　Físh isn't ↘↗rátioned ┊ *but* I wísh it were ↘frésher. (魚は配給制ではないが，もっと新鮮だったらいいのに。)

　I ↘↗sáw it, ┊ *but* dídn't ↘↗réad it. (それは見たけれど，読みはしなかった。)

　She had a ↘↗stríct, ┊ *but* wéll-↘↗méaning, ┊ ↘fáther.

（彼女には厳しかったが，善意の父親がいた。）

Was the light ↗réd ┊ *or* ↘gréen? （信号は赤でしたか，それ
とも青でしたか。）

So dón't stay ↘↗tóo long, ┊ ↘wíll you? *Or* he'll ↘néver
get the letter finished. （だから余り長いこといないように
ね。そうでないとかれはいつまでも手紙を書きおえることがで
きませんから。）

I spoke ↘↗slówly, ┊ *yet* cóuldn't make him under ↘stánd.
（私はゆっくりとしゃべりました，でもかれに分からせること
はできませんでした。）

I shán't ↘↗búy it, ┊ *for* I cán't af ↘fórd it. （それは買わ
ないでしょう，余裕がないから。）

It was búilt of ↘wóod, ┊ *for* Créte is a ↘lánd of ↗tímber.
（それは木造です，というのはクレタ島は木材の地ですから。）

He spéaks *both* Frénch *and* ↘Énglish. （かれはフランス語
も英語も話します。）

　b.　強勢のある and, or

　and は普通無強勢で用いられると a. で述べたわけですが，時
に強勢，しかも核強勢をとることがあります。その場合，and
で始まる新しい文を作っていると同時に，and 以下の部分は文
法的には，先行する文の一部となりうるようなものです。たと
えば，次の例を見て下さい。

　Lét's go and find Dáve and ↘Tóny. ↘*Ánd* that cup of

coffee. （デーブとトニーを探しに行こう。それにあのコーヒーもね。）

二番目の文は別に独立する必要のない文と言えますが，and に核強勢を置いて，独立した文にしています。意味的には，重要なことを後から思い出して，付加するといった感じがします。

次の場合も同じような例です。

The líttle ↘↗gírl, though, ⋮ would have been ↘bádly hurt ⋮ if your són hadn't úsed his ↘↗héad. ↘*Ánd* his ↗hánds. （もっとも，その女の子は大けがをしていたでしょうね，もしあなたの息子さんが頭を使わなかったら。それに手もね。）

付加された his hands は当然 used の目的語であり，"手の方はもちろんのこと"という気持が含まれていると思われます。

同一人物の言葉でなくて，他の人が言った言葉に続けて，and で始まる文をくっつけることもあります。

My ↘góodness! You're táller than ↘éver.——↘*Ánd* ↗fátter! （おやおや，ますます背が高くなったわね。——それに，ますます太ったわね。）

他の者が付け加えたにしろ，文法的には連続した流れの中にあるわけです。

and が独立した文を形成することなく，強勢を受けて，類似の働きをすることもあります。

At the ↘↗bóarding house, ⋮ I páy a húndred dóllars a

↘↗mónth ⋮ for a róom↘*ánd* meals.（下宿屋では，一箇月に百ドル払いますよ，部屋代とそれに食事代としてね。）

or も強勢を受けることがあります。

I think↘↗Chína tea, ⋮ without mílk↘*ór*↗súgar, ⋮ júst as it comes óut of the↗pót, ⋮ is an↘ádmirable drink.（ミルクも砂糖も入れずに，ポットから入れたての中国茶は，すぐれた飲物だと思います。）

c. not only...but also と either...or, neither...nor

(1) not only...but also では，not と also に強勢が置かれる傾向があります。

I *nót only* dis↘↗líke him, ⋮ *but álso* a↘vóid him when I ↗cán.（私はかれがきらいだけでなく，できるだけかれを避けています。）

He's *nót only*↘↗trícky, ⋮ *but álso* dis↘hónest.（かれはずるいだけでなく，不誠実です。）

(2) neither...nor は共に強勢を受ける可能性はありますが，簡単に強勢を失いがちです。either...or は，either のみが強勢をとる傾向があります。

They're coming *néither* by↗tráin ⋮ *nór* by↘bús.（かれらは汽車で来るわけでも，バスで来るわけでもありません。）［neither も nor も強勢を持っている。］

Neither thís *nor*↘thát'll do.（これもあれも役に立たない。）［共に無強勢。］

We're ⌄súre to see them ⋮ *either* ⤴hére ⋮ *or* in ⤴Fínchley.
（ここかフィンチレーのどちらかで，きっとかれらに会えます
よ。）

You must dó it *either* ⤴próperly ⋮ *or* nót at ⌄áll. （きち
んとやるかまたは全くやらないかです。）［無強勢の例。］

8.2 従位接続詞

a. 名詞節を導く that, if, whether は強勢を受けないのが
普通です。

Áfter you drópped me ⤴óff ⋮ I réalized I'd forgótten my
⌄wállet ⋮ and *that* it múst be in the ⌄cár. （君がぼくを降
ろしてくれたあとで，札入れを忘れたことに気付き，車の中に
ちがいないと思った。）

You'll agrée *that* thése gloves were a góod ⌄bárgain.
（この手袋は得な買い物だったと君も認めるだろう。）［that の
発音は ［ðət］。］

I wónder *if* it's ⌄frózen. （それは氷が張っているかしら。）

It's hárd to ⌄sáy ⋮ *whether* it's a ⌄⤴wíse choice. （それ
は賢明な選択かどうか言い難い。）

I ásked him *whether* he ⤴néeded the books ⋮ for impróv-
ing his ówn ⌄knówledge. （私は，かれに自分自身の知識を増
すために，その本がいるのかと尋ねた。）

b. 理由の副詞節を導く接続詞

(1) 理由を表わす接続詞 as, because, since は普通は強勢を受けません。

I shán't ＼gó↗nów, ┊ *as* it's tóo late to dó any＼góod. (遅すぎて何の役にも立たないので, 私は今は行きません。)

He was ángry with me *because* I was＼láte. (私が遅刻したのでかれは私に腹を立てた。)

We máy as well＼léave, ┊ *since* there's nó point in ＼↗stáying. (留まっても無駄なので帰った方がよい。)

because に関しては文頭に位置すると特に強勢をとる傾向が認められます。したがって,

I＼↗tóok it ┊ *because* I＼wánted it. (それが欲しかったので取ったのだ。)

も副詞節を前に出せば,

Becáuse I＼↗wánted it, ┊ I＼tóok it.

となる可能性が強くなります。

(2) 同じく理由を表わすものに now (that) がありますが, この now は一般に強勢を受けます。

I'm glád of＼↗óne thing ┊ *nów* the óthers have↗góne. (ほかの者がみんな出て行ってしまったので, 一つだけはうれしいことがある。)

Well, *nów* you've＼↗pássed him, ┊ you can re＼láx. (さあ, あの人の車を追い越したのだから, もうのんびりできますよ。)

c. 目的を表わす接続詞

目的を表わす so that... は強勢を受けないのが普通ですが，文頭に来れば強勢をとる傾向が強くなります。

I've been wáiting for ＼Jáck, ┊ *so that* we could stárt ＼squáre. （正々堂々と始めることができるようにと，ジャックが帰ってくるのを待っているのです。）［so that は無強勢。］

Só that we might háve a ／gáme, ┊ we tóok cáre to arríve ＼éarly. （試合ができるように，注意して早く到着した。）［文頭にあって，so に強勢がある。］

d. 時を表わす接続詞

(1) 時を表わす after, as, before, since, till, until, when, while は一般に強勢は受けません。

You can sée it *after* I've ＼fínished it. （私がそれを読み終えてから，見てよろしい。）

I remémbered it *as* I was coming ＼báck. （帰る途中でそれを思い出した。）

So I suppóse he'd better ＼sée it, *before* we ／fínally decide. （そこで，われわれが最終的に決定する前に，かれはそれを見ておいた方がいいと私は思うのです。）

We've done a lót of ＼wórk *since* we ar ／ríved. （ここへ来てから大いに仕事をしました。）

Lét's wáit *till* your ＼fáther comes down to breakfast. （あなたのお父さんが朝食に降りてこられるまで待ちましょ

う。)

I dídn't↘knów *until* I got back to town↗yésterday. (昨日町へ帰ってくるまで私は存じませんでした。)

Thén you can téll your móther and↘fáther about it, ┊ *when* you get↘hóme, ↗Fránk. (それから，フランク，家に帰ってその話をお母さんやお父さんにしてあげなさいよ。)

Bréak them [=the eggs] into the↘básin ┊ *while* Í get the↘pán heated. (私がフライパンを暖めている間に卵を割ってボウルに入れてちょうだい。)[I に強勢があるのは表現されていない you との対比があるため。]

(2) これらの接続詞も文頭に来ると，強勢を受ける可能性が強くなります。

After you've↗wrítten it, ┊ lét me↘sée it. (あなたがそれを書き終えたら，私に見せて下さい。)

As I was walking along the↗stréet ┊ I sáw your↘bró-ther. (通りを歩いていると君の兄さんに会った。)

Befóre you↗léave, ┊ I wánt to↘sée you. (あなたが出発になる前にあなたにお目にかかりたく思います。)

Since I came↗báck, ┊ I've been wríting↘létters. (帰ってきてからずっと手紙を書いています。)

Until you↗cáll him, ┊ he wón't↘cóme. (かれは呼ばれるまで来ませんよ。)

Whén I↗gót there, ┊ the↘↗fírst thing I did ┊ was to gó

to the infor↗mátion bureau ┊ and ásk for a list of hotéls and↘bóarding houses. (そこに着いて一番にしたことは，案内所へ行って，ホテルと下宿屋のリストが欲しいと頼んだことです。)

理由を表わす as, since は文頭にあっても無強勢が普通ですから，

As I was féeling↗tíred, I stópped↘wórking.

の as は，強勢がないという点からも，"時"の意味で用いられているのではないことが分かります。もっとも，こういう as の使い方はあいまいなので避けた方がいいと思いますが。

その他，注意することとして，文頭以外でも強勢を受けることはあるということを念のため付け加えておきます。

We↘prómised to take Frank to a↗fóotball match ┊ *while* he was↗stáying with us. (フランクがうちに居る間に，フットボールの試合に連れて行ってやると約束したのです。)

"うちにいる間に"という気持が強められている感じがします。

(3) 複合的な接続詞 as sóon as, by the tíme, néxt time, the lást time, それに副詞から転用された once も強勢を受けます。

We'll gét óff *as sóon as* you lét us come↘bý. (あなたが私達を通してくれればすぐに立ち去りますよ。)

By the time we arríve↘↗hóme, ⋮ they'll be a stícky ↘méss.（家に着く頃までには，それ［＝ぶどう］はつぶれて，べとべとになっているでしょう。）

↘*Néxt time* I buy tickets for the↗théatre, ! I'll be súre to lóok at the↘dáte.（今度劇場の切符を買う時には，日付をちゃんと見ておくよ。）［劇場の切符を買うことは話の中である程度了解ずみであるから，buy the tickets は重要な強勢は受けにくい。］

It was↘pérfectly all right *the↗lást time* I took it out.（それ［＝車］はこの前乗って出た時は全く問題がありませんでしたよ。）

But *ónce* I'm↗báck, ⋮ I'm glád to↘bé back.（でもいったん家に帰ると，帰れてうれしいのです。）［主節の back に強勢がないことに注意。副詞節ですでに back が使われているから。詳しくは「強勢の移動」を見ること。］

e. 条件を表わす接続詞

(1) 条件を表わす if は強調的に用いられていなければ，文頭，文中の位置に関係なく，強勢はありません。

If you wróte to↘↗níght, ⋮ there'd be tíme for an ↘ánswer.（もし今夜書いたら，返事をもらう時間的余裕があるでしょうに。）

You'll énd up with↘báck trouble again *if* you carry that any↗fúrther.（それ以上運んでいると，また結局背中を

痛めることになりますよ。）〔ここでは up に強勢がなく，end
の方にある。〕

（2） unless, if ónly, provided, supposing は強勢を受け
るのが普通です。in cáse, so (as) lóng as のような複合的接
続詞も強勢をとります。

Unléss you go↘↗nów, ⋮ you wón't↘sée them. （今行か
なければ，かれらに会えないでしょう。）

If ónly you'd↘tóld me↗thát, ⋮ I shóuldn't have↘wrítten.
（もしあなたが私にそのことを言いさえしなかったら，私は書
かなかったでしょうに。）

If ónly péople wóuldn't inter↘↗rúpt! （人がただ邪魔し
なければいいのだが。）

Províded you drive↘↗cárefully, ⋮ I'll lét↘yóu take
over. （慎重に運転するのでしたら，あなたと代わります。）

Suppósing he should be↘óut, ⋮ shall I léave a↗nóte?（万
一かれが外出している場合，書きおきでもしておきましょう
か。）

Do you thínk I should pút any↗chócolate in the picnic
basket, ⋮ *in cáse* we get↗húngry?（おなかがすくといけない
ので，ピクニック用のバスケットにチョコレートを入れた方が
いいと思いますか。）

So Í shall enjoy ánything you↘óffer me. *As lóng as* it
isn't Súsan's hóme-made ↘↗wíne. （そこで，ぼくは君の差

し出すものは何でも喜んでいただくよ。スーザンの手作りのワインでない限りはね。)

f. 比較を表わす接続詞

比較を表わす時の as...as 構文の第二の as も than も強勢を受けないのが普通です。

No, it néver snows as múch *as*↘↗thát. (いいえ, 雪がそれほど降ることはありません。)

I'm nót so lázy *as*↘↗hé is. (私はかれほど怠けものではありません。)

It múst be móre *than*↗thát. (それ以上であるにちがいありません。)

Well, I suppóse I'd bétter ring↘Plýmouth, ┆ and wárn Aunt↘↗Súsan ┆ to expéct them éarlier *than* ar↘ránged. (では, プリマスを呼び出して, スーザン叔母に, かれらは予定より早く着くからということを, 知らせた方がよいと思うよ。)

g. 譲歩を表わす接続詞

譲歩の接続詞 though, whereas は無強勢が普通ですが, éven if, although は強勢を受けることもよくあります。

Though he dóesn't↘↗líke me, ┆ he púts↘úp with me. (かれは私が好きではないが, がまんしているのだ。)[文頭でさえも無強勢。]

Béing↘↗twíns, ┆ they've sháred↘éverything ┆ and scárcely ever béen↘séparated, ¦ *whereas* Máry's been léft to her↘sélf to a great ex↗tént. (双子なので，二人は何でも一緒に使ってきたし，二人が別々にされることもほとんどなかった。それに反してメアリの方はひとりで放っておかれることが多かった。)

I think they óught to have their ówn↘hóme, ¦ *éven if* it's ónly one↘róom. (かれらは，たった一部屋であろうと，自分自身の家を持つべきだと思いますよ。)

I múst go↗óut, ¦ *al↘thóugh* it's raining. (雨が降ってはいるが私は外出しなくてはならないのだ。)

h. 様態を表わす接続詞

様態の接続詞 as, as if, as though は普通無強勢です。

Hᴇ díd it *as↘Í* did. (かれは，私がしたように，それをやった。)

↘↗Thát sounds ¦ *as if* we were néver going to↘méet again. (そんな言い方をすると，われわれはもう二度会うことがないみたいに聞こえるよ。)

It lóoks *as though* it's góing to↘ráin. (雨が降りそうです。)

i. 制限・範囲を表わす接続詞

制限，範囲の as far as は far に強勢が置かれます。

As fár as I can↗téll ¦ it's véry satis↘fáctory. (私の知るかぎりでは，それは大変満足すべき状態です。)

9. 前　置　詞

　前置詞の中には，副詞としての働きを持つ語も相当ありま
す。たとえば in とか up は前置詞としても，副詞としても使用
されますが，一般的に言えば，前置詞は強勢がなく，副詞の方
は強勢があるので，強勢の有無で両者を区別することができ
る，と考えられています。次の二組の例を見て下さい。

1. Thís is the pláne the pássenger ﹨fléw *in*.
2. Thís is the pláne the pílot flew ﹨*in*.

1. The hílls I ﹨rán *up*.
2. The bills I ran ﹨*úp*.

それぞれ　1.が前置詞で，2.が副詞です。意味も問題の箇所は
差がはっきりと出ています。乗客が"乗ってきた"飛行機とパ
イロットが"着陸させた"飛行機の違いであり，"走って上っ
た"山と"見る見るうちにふやした"勘定の相違です。

　しかし，いつもこのように簡単に区別ができるとは限りませ
ん。前置詞も強勢を受けることが少なくないからです。そうは
いうものの，一応原則的には前置詞は無強勢が普通，というこ
とにしておきましょう。特に単音節の語は無強勢のことが普通
です。二音節以上の前置詞は単音節の語よりも強勢を受ける

能性は強くなります。

a. 単音節の前置詞

一般に強勢をとらないので，at, but, for, from, of, to 等は弱形の発音になることに注意して下さい。

Did you lóok *on* the little táble *by* the ↗wíndow? (窓の側の小さなテーブルの上を見ましたか。)

We've been ↘↗wáiting ¦ *for* thóse séveral ↘wéeks ↗nów. (もう数週間待っているんです。)

Yes, but we've come áll the wáy *from* the Pórtobello ↘Road since ↗thén. (そうです，でもそれ以後ポートベローー・ロードからはるばる来たのですよ。)

I'll be báck *in* about an ↘hóur. (一時間もしたら帰ってきますよ。)

Éighteen and a hálf minutes *past* ↘séven. (7時18分30秒だ。)

But he grúmbled áll *through* ↘↗bréakfast. (でも朝食の間中ぶつぶつ言ってたね。)

But the jób doesn't stárt *till* the míddle of Sep ↘témber. (しかし，仕事は九月の中頃まで始まりません。)

Áre you ↗pléased *with* it? (あなたはそれを喜んでいますか。)

b. 二音節以上の前置詞

先ず無強勢の場合の例を挙げておきます。

＼Oh, ┊ I dón't think there's any ＼dóubt *about* it. （ああ，それについては何ら疑いはないと思います。）

I've nó ill ＼wíll *against* anything ／élse. （何もほかには悪い感情を持っていません。）

I was réading *about* lást night's ＼gáme ┊ *between* the Ársenal and ＼Chélsea. （ぼくは昨晩のアースナルとチェルシーの試合について読んでいたのですよ。）

The ＼／tíbia ┊ is a bíg ＼bóne ┊ *below* the ＼knée. （脛骨というのは，ひざの下の大きな骨のことです。）

I héar you were in ＼tróuble *during* the frost. （凍りついていた間困っていたらしいね。）

Cóme *into* the ＼lóunge. （ラウンジへ入って下さい。）

I a ＼／gréed ┊ that we'd kéep the ／dóg ┊ *under* clóser con-＼tról. （私たちが犬をもっと厳重に管理することに私は応じた。）

I dón't think he díd him ＼sélf *until* quite ／látely. （最近までかれは自分でやらなかったと思います。）

Within thrée ＼／dáys ┊ he was fítter than ＼éver. （三日以内で，前にも増して元気になりましたよ。）

You'll be ＼cóld *without* your ／jácket. （あなたは上衣なしでは寒いですよ。）

Put ＼thóse *opposite* the ／dóor. （あれをドアの向うに置きなさい。）

　二音節以上の場合は前置詞でも強勢を受けることは少なくありません。

　I suppóse you knów a lot a↘bóut architecture.（建築については君は相当知識があると思うが。）

　Yóu réckless↘↗drívers⋮ róar *aróund* those nárrow cóuntry↘↗lánes⋮ to the térrible péril of éveryone↘élse.（あなた方，無謀なドライバーは，あの田舎の狭い道をごう音を立てて走り回り，ほかの皆をひどく危険な目に会わせるのだ。）

　I shán't be fínished *befóre*↘lúnch-time.（昼食時までには終らないだろう。）

　D'you do↗óther things⋮ *be*↗*sídes* painting?（絵を描くことは別として，ほかには何かなさっていますか。）

　We cán't buy Róbert a↗présent⋮ *withóut* any↘móney.（一文なしでは，ロバートに贈り物を買ってやれない。）

　c. 　強勢のある語が直前にない場合

　たとえ単音節の前置詞でも，すぐ前に強勢を持つ語がない時，強勢を受けることがあります。次の二組の例を見れば，be 動詞の肯定形のあとに来ている前置詞にこの可能性が強いことが分かります。

{ 1.　He's góne *down* the↘stréet.

{ 2.　It was *dówn* the↘híll.

{ 1.　She's wórking *with* her↘síster.

{ 2.　She's *with* her↘síster.

（1. かれは通りを通って行きました。2. それは丘の下の方に
あった。1. 彼女は妹と一緒に働いています。2. 彼女は妹と一緒
にいます。）

d. 文末の前置詞（＋代名詞）

文または節が前置詞（プラス代名詞）で終っていると前置詞
は強勢を受ける可能性が強くなります。核強勢をとることさえ
稀ではありません。

Thínk whó we can háve↘*with* him.（かれと一緒に誰を
招待したらよいか考えてくれよ。）

Téll us all *a*↘*bóut* it.（そのことについてすべて話して下
さい。）

The tóil of the dáy is *be*↘*hínd* me.（一日の労苦も過ぎ
去った。）

Whó's it↗*fróm?*（それ［＝小包］は誰からきたの。）

Well, whát↘*óf* it?（えっ、それがどうしたの。）［慣用句］

e. 疑問詞＋前置詞の形をとる短縮疑問文

疑問詞と結びついた前置詞が疑問詞の直後にきた短縮疑問文
では，核強勢が前置詞に置かれます。

Gétting↗reády? What↘*fór?*（用意してるって。何の準備
を。）

Who↘*fór?*（誰のために。）

Where↘*tó?*（どこへ）

もっとも For whom?［堅苦しい言い方］という語順をとれ

ば，疑問詞に核強勢が置かれて，For↘whóm? という強勢パターンになります。

f. 対照，強調の要素が付加された場合

他の品詞と同じく，対照とか強調の気持が付加されると，強勢をとります。特に文末に位置する場合，核強勢をとっています。

But shé stayed↘*ón* her horse, ┊ and Í fell↘*óff* mine.
（しかし，彼女の方が馬にとどまり，私の方が落馬してしまったのです。）［on と off の対照と同時に she と I の対照もある。］

But they ［=her relations］ néver do ánything↘↗*fór* her.（しかし，かれらはあの子のためになるようなことは何もしません。）

Her húsband hád to gó to A↘mérica, ┊ and shé went ↘*with* him.（彼女の夫はアメリカへ行かねばならなかった，そこで彼女も夫に同行した。）

Whát would you líke↘*with* your bread-and-butter, Peter?（ピーター，バターつきのパンに何をつけて食べたいの。）［bread-and-butter は既出の語である。］

g. as well as

前置詞の働きをする as well as は強勢を受けるのが普通で，特に核強勢を受けます。

We can play dóubles *as*↘*wéll as* singles.（私たちはシングルスだけでなしに，ダブルスもやれます。）

The prógramme gíves the pláyers' po⤵sítions⋮ *as*⤵*wéll* *as* their names. （プログラムには選手の名前はもちろん，ポジションも載っています。）

We shall sóon be going décimal with wéights and ⤵méasures,⋮ *as*⤵*wéll* *as* with money. （間もなくお金だけでなく，度量衡も十進法制度になります。）

10. 間　投　詞

　間投詞は，これだけで単独の音調群を形成することが多く，したがって，核強勢を受けるのが普通です。その上，音調はほとんどが下降調になります。

　a.　oh で始まるもの

oh は時に無強勢のこともありますが，大抵強勢を受けます。

　Oh, ↘yóu remember↗hím?（おお，君はかれを覚えているのか。）［無強勢］

　↘Óh, yes.（ええ，そうですよ。）

　Óh, ↘déar!（おやおや。）

　Óh, ↗déar!（おやおや。）［▶上昇調が用いられている。］

　Óh, ↘Lórd!（ああ。）［Ó↘Lórd!　もある。）

　Óh↘bóther, ┆ thére's a ↘télephone.（ちぇっ，ほら電話だ。）

　↘Óh ┆ my ↘Gód!（おやおや。）

　Óh, ↘bóy!（すごい。）

　b.　well

well は強勢がないこともあります。

　↗Wéll, ┆ hów are you séttling ↘dówn?（新居への落着き具合はいかがですか。）

↘Wéll of course, ¦ it úsually↘ís, ¦ ↘ísn't it? (そうです
ね，もちろんですよ。普通はそうですよね。)

Wéll, I↘néver! (まさか。)

Well, I dón't think we can wáit ány↘lónger for John.
(ところで，これ以上ジョンが来るのを待てないと思うよ。)

c. good で始まるもの

good およびそのあとに来る語は強勢を受けます。

Góod↘Héavens! (おや！)

Góod↘grácious! (まあ！)

Góod↘gríef! (やれやれ。)

Góod↘Lórd! (ああ。)

d. Heaven(s), goodness を伴うもの

Heaven(s), goodness は共に強勢を受けます。

↘Héavens! (困った。おや。)

↘Héavens, no. (まあ，とんでもない。)

Héaven for↘bíd! (とんでもない。)

Mý↘góodness! (おやおや。)

Thánk↘góodness! (ありがたい。)

Ónly a↘fórtnight, thank↗góodness. (ありがたいことに，
たった二週間です。)

e. その他

why は強勢はないのが普通ですが，ここに挙げる他の間投
詞は強勢があります。

↘Áh! （ああ。）

↘↗Gósh! （おや。まあ。）

↘Grácious, no. （おや，違いますよ。）

↘Lórd, no. （おやおや，それは違うよ。）

↘Mý, ┆ that sóunds ex↘cíting! （まあ，おもしろそう。）

↘Óoh! （すごい。）[発音は [u:]。] [イギリス英語]

Ríght↗ó. （よろしい。）[イギリス英語]

Why, ↘yés. （それはもちろん，そうだよ。）

11。あ い さ つ

あいさつに使われる決まり文句は，それだけで一つの文をなすので，当然のことながら，いずれかの語は強勢を受けることになります。大きく分類して，(a)会った時に用いるあいさつ，と，(b)別れる時に用いるあいさつ，について強勢の受け方を調べてみましょう。

a. 会った時に用いるあいさつ

Oh, good↘mórning, Mr. Atkins. （ああ，お早うございます，アトキンズさん。）

Good after↘nóon. （今日は。）

Good↘évening, Mr. White. （ホワイトさん，今晩は。）

以上のように，Good～.の形式では good は強勢なしで使われるのが普通です。

くだけたあいさつは一語が普通ですから，強勢を受けます。

↘Húllo, ↗yóu three. （皆さん，今日は。）

Oh, ↘húllo, ↗yóu two. （ああ，今日は，御二人さん。）
[hullo はイギリス英語。]

Hel↘ló. （やあ。）

↘Hí. （やあ。）

b. 別れる時に用いるあいさつ

別れに用いる Good〜. においては，good は強勢を受けることもよくあります，特にイギリス英語では，この傾向が強いようです。

Góod⟋níght.（おやすみ。）

Good⟍níght.（おやすみ。）［アメリカ英語で普通のあいさつ。▶ night は 3-2 の下降調であって，一番低いピッチまで下がってしまわない中途半端な下降である。］

Góod-⟋býe.（さようなら。）

Góod-⟍⟋býe.（さようなら。）［アメリカ英語に多い。］

⟋’Býe ⫶ for⟍nów.（（当分）さようなら。）

⟍⟋’Býe, now.（さようなら。）

⟍’Býe.（さようなら。）［▶ 中途半端な下降で，アメリカ英語では典型的な音調パターン。］

Býe-⟋býe（バイバイ。）

Góod⟋lúck.（御多幸を祈る。）

So long. はこれだけ単独で使用された場合，イギリス英語では両方の語に強勢が置かれますが，アメリカ英語では long のみが強勢を受ける傾向があります。また，呼びかけ語等が後に付加されると，イギリス英語では long の強勢が消失するのが普通です。

⟍Só⟋lóng.（じゃまた。）

⟍Só long, ⟋Róbert.（ロバート，じゃまた。）

So↘lóng. (じゃまた。)[▶ long の下降は下まで完全に降りてしまうものと途中までしか降りないものがある。共にアメリカ英語では一般的。]

So↘↗lóng. (じゃまた。)

Sée you↘láter.[▶ アメリカ英語では later の下降は中途半端のもの。]

Sée you↗Fríday, Andrew.(じゃ金曜日にね，アンドルー。)

↘↗Sée you.（じゃまた。）

↘Chéers.（さようなら。）[イギリス英語]

Cheeri↗ó.（さようなら。）[イギリス英語]

12。複 合 語

複合語といえば，第一要素に強勢があり，第二要素には弱い強勢しかないタイプが大部分を占めますが，共に文強勢をとりうるタイプもあることは「名詞」の項で触れました。この章では，二重強勢をとる複合語について，もう少し詳しく説明をしておきます。

この種の複合語を五つのタイプに分けてみます。すなわち，a. 飲食物を表わすもの，b. 材料を表わす名詞が第一要素になっているもの，c. 位置を示す名詞が第一要素になっているもの，d. その他，叙述的に次の語の性格を規定しているもの，e. 固有名詞の五種類です。

a. 飲食物を表わすもの

hám ómelette	ápple píe
ríce púdding	tomáto sándwich
plúm cáke	góoseberry tárt
véal stéw	físh sáuce
chérry brándy	ólive óil

b. 材料を表わす名詞が第一要素になっているもの

páper bág	léather bág

stóne wáll	láce cúrtain
shéep cóat	cótton shírt
stéel pén	góld wátch

c. 位置を示す名詞が第一要素になっているもの

gárden shéd	gárden wáll
fíreside cháir	cóuntry wálk
séa bréeze	

d. 叙述的に次の語の性格を規定しているもの

báy wíndow	shóp wíndow
cámp cháir	sáilor hát
fámily círcle	fárm hóuse
gárden cíty	

e. 固有名詞

Jóhn Brówn	Hýde Párk
Lámbeth Róad	Bírdcage Wálk
Cámbridge Térrace	Lúdgate Híll
Hámpton Cóurt	Lóngs Péak
Báy Cíty	

13。 慣用的な表現

　慣用的な表現と言っても，今までの品詞別の強勢の原則から大体想像がつきますが，ここではやや慣用的によく用いられる語句を中心に，音調も考慮に入れて，強勢パターンを考察してみましょう。配列はアルファベット順にしています。

after all（結局）

　一般的には all に文強勢がきます。まれに after の方に強勢が置かれ，all は無強勢になることもあります。場合によっては，all だけでなしに，after にも強勢が加えられることもあります。この語句は単独で一つの音調群を形成する傾向があります。

　After￬áll, ⋮ it doesn't háppen very￬♪óften.（結局，それは余り起こらないことですよ。）

　Now you￬wón't be able to see the show-jumping and the swimming, ⋮ *after￬áll.*（結局，これでもうショー・ジャンプと水泳は見ることができないでしょう。）

　Áfter￬áll, ⋮ he's been very￬♪hélpful.（結局，かれはとても助けになったわ。）

　￬♪Sórry. Cán't dísh out the￬♪prízes ⋮ ￬*áfter all.*（す

まないね。結局私が賞を手渡すことは不可能だよ。）

all the same（それでもやはり）

all the sáme と áll the same の両方が聞かれます。

＼Píty ⋮ *all the* ＼*sáme.*（それでもやっぱり残念ですね。）

But I'd ＼lóve to have a ⟋mótor-bike ⋮ ＼*áll the same.*（でも，やっぱりモーターバイクが欲しいよ。）

and things（…など）

things に弱い強勢がありますが，文強勢はとりません。

Whát about your ＼clóthes *and things?*（あなたの服などはどうなの。）

and what not（…など）

what に弱い強勢はきますが，文強勢までの強さにはなりません。

Even if you've got the sáme number of ＼róoms, ⋮ there's ＼álways ⋮ the ＼⟋stáircase, ⋮ and various ⟋lándings, ⋮ ⟋lóbbies *and what not,* ⋮ that génerally séem to go ⟋with it.（たとえ部屋は同数であるにしても，階段とそれに普通付属していると思われる様々な踊り場やホールなどが常にあります。）

(and) what's more（おまけに，その上に）

what's と more の両方が強勢を受けます。そして more が下降して次に上昇する音調をとるのが普通です。

And whát's↘↗móre, ┊ I've↘fínished the letter.（その上に，手紙もすんだよ。）

And whát's↘↗móre, Frank, ┊ Dád's quite↘kéen on the Hillman.（おまけにね，フランク，お父さんがあのヒルマンに相当御執心なんですよ。）

as a matter of fact（実際のところ）

文の初めに位置している時は一般に matter も fact も強勢を受けますが，文中とか文末になると matter の強勢が弱くなりがちです。

Well, *as a mátter of↘↗fáct,* ┊ I háven't done véry↘↗múch.（そうですね。実のところ大して（騎馬旅行は）していません。）

Do you cáre for↗péaches?──↗Yés, ┊ *as a mátter of↗fáct,* ┊ péaches are my fávourite↘frúit.（桃はお好きですか。──そうなんです。実際のところ，桃は私の好物なんですよ。）

He's↘léft, *as a matter of↗fáct.*（実のところ，かれは出発してしまいました。）〔matter の強勢は弱まっている。〕

as a rule（概して）

rule が一般に強勢を受けます。

A＼stómach oper／átion ┊ is nó líght＼mátter, *às a ／rúle.*（胃の手術は一般に簡単なことではありませんよ。）

And whát about＼grápes? We háve some of thém *as a＼／rúle,* don't we?（それにぶどうはどうなんだい。大抵うちではいくらか食べてるね。）[▶ don't に多少強勢が残るが文強勢という所までいかず，rule の上昇を続ける。]

as it is（しかし実状は）

as と is の上に文強勢が置かれ，この句のみで独立した音調群となり，下降・上昇の音調で言われる傾向があります。

If we had a＼／décent machine, ┊ we'd be áble to pláy it more＼óften. *Ás it＼／ís,* ┊ I wóuldn't play＼／mý records on it.（もしまあまあの機械［＝レコード・プレヤー］を持っておれば，もっと使うのですが。しかし，それもないので，私のレコードはその古いプレヤーにはかけません。）

If ónly Dád had bóught a＼néw car! Thén we'd be góing hóme in＼cómfort. *Ás it＼／ís,* ┊ we shán't get a ＼／séat on the tube.（父が新しい車を買っていさえすればよかったのに。そうすると気持よく帰れるのに。でもそうはいかず，地下鉄では席もとれないだろうね。）

as usual（いつものように）

usual に強勢が置かれるのが普通です。

I sup＼／póse, ┊ as＼／úsual, ┊ I'm súffering from thís absúrd de＼／lúsion ┊ that＼súmmer／shóes ┊ are ín the shóps in＼súmmer.（私は例によって，夏の靴は夏に店頭に並んでいるというこの馬鹿げた錯覚に陥っているのだと思います。）

as well（その上）

well に強勢がきます。

And she's dóne some＼núrsing ┊ *as*＼*wéll*.（それに，彼女は看護もしたのですよ。）

at any rate（いずれにせよ）

any に文強勢がくるのが普通ですが，場合によっては部分的な強勢にとどまることもあります。

At ány rate he séemed to have got＼óver it.（いずれにしても，かれはそれを克服してしまったように見えた。）

For a＼／wéek or two *at any rate*, ┊ tíll he could fínd ＼bétter digs.（いずれにせよ，もっといい下宿が見つかるまで，一，二週間のことだが。）〔any は核強勢のあとに位置しているので，強勢が弱められている。〕

before you can say Jack Robinson（あっと言う間に）

before と say と Robinson が強勢を受けます。Jack は文強勢の間にあるので，弱まります。

Perháps we'll be↘↗gétting a new car ┊ véry↘sóon ↗nów. In fact, *befóre you can sáy Jack↘Róbinson.* (多分，もうすぐに新しい車を買うことになるでしょうね。実際，あっという間にね。)

believe me (全く本当なんです)

believe も me も共に強勢を受けます。

Í don't do this↘↗évery day, ┊ *belíeve↘mé.* (ぼくがこれを毎日やっているわけではありませんよ，本当ですよ。)

blast... (…をのろい倒せ，いまいましい)

文強勢，しかも核強勢が blast に置かれる可能性は大です。

Oh,↘*blást* the cupboard, ┊ I'm réading the évening ↘páper. (ああ，戸棚なんてくそくらえ，ぼくは今夕刊を読んでいるんだ。)

by the way (ところで)

文頭では way は強勢を受けますが，文末に付加的に用いられる時はこの way の強勢は弱められてしまいます。尚，文頭では by も強勢をとることがあります。

And *by the*↘*wáy,* ┊ whát about those↘ríding-lessons

you've been talking about for so long.（ところで，長い間話していたあの乗馬のレッスンはどうなんだい。）[▶ you've で始まる関係節は下がったピッチのまま，文強勢なしで言われている。]

Bý the \wáy, ┊ whát's the \jóint?（ところで，この輪切り肉は何だろう。）

Where \ís he, *by the way?*（ところで，かれはどこにいるの。）

catch me（そんなの真平，絶対しないよ）

catch と me の両方に強勢がくることが多いようですが，catch の強勢は消失することもあります。

A: Well, \↗Dád wanted me ┊ to take a témporary \jób.

B: Yes, in a \bánk, ┊ in the \Cíty.

A: But \↗thát wouldn't suit me ┊ at \áll. Twó hours \trávelling every day, ┊ in a crówded, stúffy \tráin. *Cátch \↗mé.*

（A：ところで，おやじがぼくに，当分働いてみたら，と言ってたが。B：そうよ，銀行でね。シティーの。A：でも，そんなのぼくに全然向かないだろうよ。毎日，満員の，むっとする電車で，二時間も通勤するなんて。絶対いやだよ。）

coming/just coming（今行くよ）

もちろん，強勢を受け，下降・上昇か上昇の音調が用いられます。

A: ↘↗Símon! Áre you néarly↗réady?

　We're↘óff in a↗mínute or two.

B: ↘↗*Cóming.*

（A: サイモン。大体準備できたの。一，二分で出発するわよ。B: 今行くよ。）

A: ↘↗Máry! I thínk it's about tíme we were↘óff, if you're↗réady. I've gót the↘↗cár out.

B: *Júst↗cóming!*

（A: メアリ。準備ができているんだったら，もう出発の時間だと思うわ。車は出したわよ。B: すぐ行くから。）

couldn't care less（ちっともかまわない）

couldn't と less が強勢を受けます。

She↘háted it ［=her hair］changing↗thén ┊ but she accépted it véry↘wéll↗láter, ┊ and to↘↗dáy ┊ she *cóuldn't care*↘*léss.*（その当時は，髪の色が変わるのを嫌がっていたが，後にはそれを諦めるようになり，今日では全く気にもかけませんよ。）

curiously enough（不思議なことに）

両方の語に強勢が置かれ，これだけで一つの音調群となりま

す。

Cúriously e↗*nóugh,* ┊ you waste↘léss time, in a ↗sénse, ┊ with a↘lónger journey.（全くおかしな話だが，長い旅行ではある意味で無駄にする時間が少なくなる，ということになります。）

Easy does it!（あせるな，落着いて）

easy と does の両語に文強勢がきます。

(Not so stiff.) *Éasy↘dóes it!*（そんなに固くならずに，落着いてやれ。）

Fancy that!（これは驚いた）

どちらの語も強勢を受けます。

Óh, ↗réally? *Fáncy↘thát!*（ああ，本当ですか。これは驚いた。）

first things first（大事なことをまっ先に）

最初と最後の first が文強勢を受けます。

A: Sórry I háven't got enóugh for a↘↗béer mug ┊ as ↘↗wéll.

B: *First things↘first.* Lúnch before↘↗béer mugs.

（A：残念だけど，その上ビールのジョッキも買おうとしても，それだけのお金はないわよ。B：大事なことを先ず第一に

だよ。ビールのジョッキよりもお昼御飯だ。）

for God's sake（お願いだから）

God と sake が強勢を受けます。

For Gód's sáke gó and gráb the ↘dóg.（お願いだから，行って犬をひっつかまえてきて。）［go and do の形式では，go は強勢を失うことが多いが，ここでは go に強めを置いている。］

for instance（たとえば）

この副詞句の中では ín(stance) に強勢はありますが，文の中で使われた時には，文強勢を受けるほどではありません。したがって，普通，核強勢のある語のあとに来て，比較的弱く言われます。

Whý don't you suppórt a ↘góod team? Tóttenham ↘Hótspur, *for instance.*（どうしていいチームを応援しないの。たとえば，トテナム・ホットスパーなんかを。）

A: But ↘↗lóts of the students here ⫶ are prétty ↘dúll.

B: ↘Yés. Thát girl ↘Ísobel, *for instance.*

（A：でも，ここの学生はかなり不活発なのが多いよ。B：そう。たとえば，あのイザベルという女の子なんかね。）

for one thing（一つには）

one に文強勢が置かれます。尚，for one thing に続いて for anóther が用いられることもあります。

For↘↗óne thing ⋮ that políce chase wént on↘fár too long. (一つには，あの警察の追跡が余りにも長く続きすぎたよ。)

A: But whý doesn't Dóminique cóme by↘áir?

B: Well *for↘↗óne thing,* ⋮ Dóminique gets↘áirsick. And *for an↘↗óther* ⋮ she can bríng more↘lúggage by ↗séa.

（A：でも，ドミニークはなぜ飛行機で来ないのでしょうね。B：それはね，一つには，ドミニークは飛行機で酔うんだな。それにもう一つは，船の方が荷物を多く持ってくることができるんだよ。）

for the moment (当座は)

moment が強勢をとります。

For the↘↗móment ⋮ I'm afráid that'll júst have to ↘wáit. (さしあたり，それは後回しにしなければと思うよ。)

gently does it (おだやかにやるのが肝心)

gently と does の二つの語が強勢をとります。

Well, *géntly↘↗dóes it,* ⋮ to be↘↗gín with. (ところで，先ずおだやかにやるのが第一だよ。)

good for you (でかしたぞ，うまいぞ)

good と you の両方に強勢があります。

Whát did you sáy to↘thát?... *Góod for↘yóu!* ［電話で］
（そのことに対して君は何と言ったの。...うまいぞ。）

here comes...（ほら…が来たよ）

here には必ず強勢はきますが，comes は主語は名詞か代名詞かによって強勢の受け方が違います。次の例を見て下さい。リズムの影響によってそうなることが分かります。

↘*Hére comes*↗Símon.（ほら，サイモンが来たぞ。）

Hére he↘*cómes.*（ほら，かれがやって来たぞ。）

here goes（さあ始めるぞ）

両方の語が強勢を受けます。

A: Cán I réad the létter↗nów, Mum?

B: ↘Yés, Simon. But be↘↗qúick, ¦ or élse your égg and bácon will be↘spóilt.

A: ↘Áll right, ↗Múm. *Hére*↗*góes.*

（A：お母さん，今手紙読んでいい？　B：いいわよ，サイモン。でも急いでね。そうでないとあなたのベーコンエッグが台なしになるわよ。A：お母さん，分かったよ。じゃ読むよ。）
［▶ goes は上昇調で言われるのが普通。］

here it is（はい，これ）

here は必ず強勢をとると言ってよいのですが, is は上昇調の強勢を受けるのが普通で, 弱められることもあります。いずれにしても, 軽くピッチが上がります。

Áre you going to↗shów me the beer mug?——Yes, ↘hére it↗ís, Aunt Anne. (ビールのジョッキを見せてくれるの。——うん, はいこれ, アン叔母さん。)

here they are (はい, これです)

"here it is" が単数の品物について使われるのに対して, これは複数の物に対して用いられます。here と are が強勢を受けるのが普通で, are は上昇調で言われ, 強勢はやや弱められることもあります。

↗Wéll, ┊ I wánt some↘cánned goods. Twó cáns of ↗córn, ┊ thrée cáns of↗péas, ┊ and a cán of↘péaches. ——↘Hére they↗áre. (さあね, かんづめをいただこうかしら。とうもろこしのかんづめ二つとえんどうのかんづめ三つとそれに桃のかんづめ一つね。——それでは, はいこれ。)

here we are (ほら着いたよ, はいこれ)

here と are の両方に強勢があり, here に下降, are に低い上昇の音調が来るのが多いようです。

Well, ↘hére we↗áre! Éighteen and a hálf minutes past ↘séven. (ほーら, 着いたぞ。7時18分30秒だよ。)

(I'll go and make the tea. Help yourselves to bread-and-butter, won't you?...) ↘*Hére we*↗*áre!*（はい，お茶ですよ。）［▶ アメリカ英語では，hereの下降が部分的で，we areの部分がそのまま平坦に言われるパターンが多い。すなわち，/3-2-2/のパターンである。］

here you are（はいこれ）

大体hereで始まる決まり文句は同じような強勢パターンと考えられます。hereとareに強勢がありますが，areは弱められた強勢になることがあります。

I bóught↘twó. Óne for↗Fránk ⁝ and óne for↘yóu. *Hére you*↗*áre*, Frank.（2枚［＝プログラム］買ってきたよ。1枚はフランク，1枚はお前にね。はいこれ，フランク。）［▶ 上の場合と同じく，アメリカ英語では，hereが中途半端に下降して，あとはそのまま平坦に言う/3-2-2/のパターンが普通。］

How about...?（…についてはどうか）

aboutの目的語がyouとかitのような短い人称代名詞の場合は，aboutに核強勢が置かれるのが普通です。その場合，howにも強勢があるのが普通ですが，強勢がないことも珍しくありません。aboutの目的語がそういう人称代名詞以外の時は，howに強勢があり，核強勢はaboutの目的語に来るのが典型的なパターンです。

Hów about↘héating? Have yóu got any↗ópen fires?（暖房の方はどうですか。炉のようなものは，おたくにございますか。）

Then↘áfterwards ⋮ we can go óut for a↘hámburger. *Hów a*↘*bóut* it?（それから，あとでハンバーガーを食べに出かけることができるよ。そんなのどう。）

I dare say（多分…でしょう）

dare と say に強勢があります。

We'd↘bétter have a change, ⋮ ↗hádn't we?——*I dáre* ↗*sáy*.（変化がある方がいいでしょう。——多分ね。）

I don't think so（そうは思いません）

don't と think に強勢があり，so は弱い強勢しかありません。

A: Is there ánything↗élse we can do, Aunt Anne? Have you gót any↗móre jobs for us?

B: *I dón't*↗*thínk so*, Frank. You've been a↘gréat help.

（A：アン叔母さん，ほかに何かできることがありますか。ぼくたちの仕事はもうありませんか。B：もうないと思うわ，フランク。大助かりだったわ。）

I hope not（そうでない方がいい，そうでないと思う）

hope に核強勢がきて, not は弱められた強勢がきます。hope に下降, not に上昇の強勢がくると考えられることもあります。

We shall sóon be going décimal with wéights and ⟍méasures, ⫶ as ⟍wéll as with money.——**Oh, I ⟍↗hópe not. Not ⟍yét, ↗ányway.** (お金はもちろん, 度量衡も十進法にすぐなりますね。——そうならない方がいいですよ。いずれにしても, 今の所はね。)

I like that! (おあいにくさま)

like と that の両方に強勢が置かれます。

What a stránge and fríghtening ⟍nóise!——**I like ⟍thát. My voice was véry híghly ⟍práised as a ↗child.** (何と奇妙で, ぎょっとするような音なんだろう。——おあいにくさま。私の声は, 子供の頃はとてもほめられたのですからね。)

I tell you what (あのね, (いい話がある))

tell と what が文強勢を受けます。

I ⟍téll you ↗whát: ⫶ lét's pop in ⟍hére ⫶ and have a cúp of ⟍cóffee. (あのね, 一寸ここへ入って, コーヒーでも飲みましょう。)

If I were you (もし私が君の立場なら)

I が強勢を受けますが, ここでは対照の気持があるからです。

A: Is there ány póint in fíxing úp with them be↗fóre-
hand?↗Whát did you say it was called?

B: The↘Búll. I↘shóuld, *if↗Í were you.*

（A：前もって手配しておけば役に立つでしょうかね。そこ
はどういう名前だとおっしゃいましたかね。B：ブルと言いま
す。もし私があなたの立場でしたら，そうしますよ。）

I'm coming（今行きますよ）

I'm coming. は I'm の部分が省略されて，coming だけが単
独で用いられることもよくあります。I'm coming では I'm と
coming の両方の語に強勢がきます。音調も例に見られるよう
なパターンが普通です。

I'll ráce you to that bíg↘óak tree. Óne, twó, thrée,
↘gó.　——But↘↗Márjorie...Oh, ↘áll↗ríght. ↘*Í'm↗cóm-
ing.*（あの大きなかしの木まで競走しましょう。一，二，三，
それっ。——でも，マージョリー。ああ，よーし。今行くよ。）

in any case（ともかく）

この成句だけで音調群を作るのが普通で，any が下降調の強
勢を受けるのが典型的なパターンです。

And *in↘ány case* ¦ I háven't brought my↘chéque-book.
（それに，いずれにしても小切手帳を持ってきていないので
す。）

And *in ↘ány case* ⋮ it's múch bétter for ↘↗Jóhn ⋮ to fínd his féet for him↘sélf.（それに，いずれにしても自分で自分の力に自信を持つようになる方が，ジョンにとってはるかにいいことですから。）

in any event（いずれにしても）

意味の上からも，強勢パターンの上からも，上の in any case と同じで，any に強勢がきます。

In ↘ány event, ⋮ there's nó áwful↘↗húrry.（いずれにしても，ひどく急ぐ必要はない。）

in no time（直ちに）

no に強勢が置かれます。

You'll fínish the éssay *in↘nó time.*（その論文もすぐに書けますよ。）

She tóok my↗bóot off ⋮ and bándaged my↗hánd ⋮ *in ↘nó time.*（彼女はすぐにぼくの乗馬ぐつを脱がせてくれて，そして手にはほうたいをしてくれたよ。）

in that case（それならば）

that に下降の強勢，case に上昇の強勢が置かれることが多いようです。

In↘thát↗cáse, ⋮ I'm glád I tóok the cláss↘lást year.

（それならば，その授業を去年とっておいてよかったよ。）

↘Óh, ⋮ well *in*↘*thát*↗*cáse,* ⋮ we could móve the táble in↘hére. （ああ，それならば，テーブルをここに動かせるじゃない。）

in the end （ついに）

end に強勢がきて，この成句だけで一つの音調群を作るのが普通です。

In the↘↗*énd* ⋮ she per↘súaded him. （ついに，彼女はかれを説得した。）

in the long run （結局は）

long に文強勢が置かれ，run は部分的な弱い強勢しか受けません。

But it's wórth it *in the*↘↗*lóng run.* （しかし長い目で見れば，それはそうする価値がある。）

He says it's bétter to páy an↘éxpert to do the job. And↘chéaper, ⋮ ↘tóo, ⋮ *in the*↗*lóng run.* （かれが言うことには，専門家にお金を払って，その仕事をしてもらった方がいいし。それに結局のところ，安くもつくのです。）

more or less （多少）

単独では more と less の両方に強勢があると考えられます

が，実際には重要な形容詞等の前に置かれることが多いので，リズムの関係で more だけが強勢を受ける傾向があります。

I'm *móre or less* ↘húman again↗nów. （これでまた幾分人間らしくなったよ。）

most of the time （大抵は）

most に文強勢がきて，この句が一つの音調を作るのが普通です。

And hé néver won a príze at↘áll at school, him↗sélf! And nót only↘↗thát. ↘↗*Móst of the time*, ⁞ he was bóttom of his↘cláss. （そして，あの人は自分では学校時代には賞をもらったことがないのだから。それだけでないのよ。大抵はクラスのどん尻にいたのですから。）

never mind （心配するな，何でもない）

両方の語が強勢を受けるのが普通ですが，never が高いピッチで言われるだけで，強勢のないこともあります。

↘*Néver*↗*mínd*. （心配するな。）[▶ この例のように Never が下降調で，mind が上昇調で言うパターンが多い。]

Never↗*mínd*. （心配するな。）[▶ Never は無強勢だが，高いピッチで言う。]

Never say die! （弱音をはくな）

Never と die に強勢がきます。

↘*Néver say*↗*díe!* (弱音をはくなよ。)

not a bit (少しも…でない)

not も bit も強勢を受けます。

She's *nót a*↘*bít* technical. (母は機械のことなんか全く駄目なんだから。)

not to mention (…はさておき)

not と mention が強勢を受けると考えられますが，リズムの関係で，どちらかの語が無強勢になることがあります。この成句のみで一つの音調群を形成する場合は，二つ共強勢を維持します。

You　máy　have↘↗nóticed ┊ that　I'm　óut　here↘móst evenings ┊ when　it's↗líght.　*Nót to*↘*méntion* ┊ nearly　évery week-↘↗énd. (明るい内は，大抵夕方にここに出ているのにお気づきになっていらっしゃることと思います。言うまでもなく，週末はほとんどいつもなんですが。)

You　must　admít that↘↗óur house ┊ ↘↗dóes look a bit decrepit ┊ amongst　áll　the↗óthers ┊ *not　to　méntion*　the ↘↗gárden. (私共の家は，庭は言うまでもありませんが，特に少しがたがきているように見える，ということをお認めにならないわけにはいかないでしょう。)

Nót to mention↘hélicopter and the↗rést.（ヘリコプター等は言うまでもありませんが。）

Nothing serious, I hope.（大したことでなければよろしいが。）

Nothing と serious が文強勢を受け，hope は受けません。

She says her móther's had an↘áccident. ——*Nóthing* ↘↗*sérious, I hope.*（彼女はお母さんが事故にあわれたと言っています。——大したことでなければよろしいですが。）

now I come to think of it（考えてみれば）

now，come，think という語が想像通りに強勢を受けます。

Well, *nów I cóme to*↘↗*thínk of it,* ⁞ I díd get ínto an ↘áwful muddle with my university↗éntrance forms.（さて，考えてみれば，大学の入学願書では確かにひどく混乱したよ。）

But whíte↘ís rather↗níce, ⁞ *nów I cóme to*↗*thínk of it.*（でも，考えてみると，白色は一寸いいじゃないですか。）

of course（もちろん）

文頭に位置する場合，文強勢をとりますが，文末にきますと無強勢になる傾向があります。

Miss↘↗Wríght. Cán we come↗ín?——Is thát↗yóu,

Andrew? *Of* ↘*cóurse* you can.（ライトさん。入っていいで
すか。——アンドリューかい。もちろん，入ってよいですよ。）

Dártmoor's ↘wónderful, *of course.*（ダートムアーはもち
ろんすばらしいですよ。）

Off we go!/Off you go!（そら行くぞ／行ってしまえ）

共に Off と go に強勢が置かれ，go が上昇調になる傾向があ
ります。

Óff we ↗*gó!*（そーら行くぞ。）

↘*Óff you* ↗*gó* ┊ and búy Dóminique's ↘tícket for her.
（そーら行って，ドミニークに切符を買ってやれ。）

on second thoughts（考え直して）

second に文強勢がきて，thoughts は弱い強勢を受けるだけ
です。

No, ↘yóu open it, Simon, ┊ and ↘réad it to us...No, *on*
↘↗*sécond thoughts,* Simon, ┊ ↘dón't read the letter ↗yét.
（いいえ，サイモン，あなたが開けなさい，そして私達に読ん
でね。…いいえ，サイモン，考え直したわ，まだ手紙を読んだ
らだめよ。）

one after the other（相続けて）

one と other が強勢を受けます。

↘↗Wé've all been down ┊ with↘flú, ┊ *óne after the*
↘*óther.* （私どもは次々に流感で寝込んでしまいましたよ。）

one day （いつか）

one にのみ強勢が置かれます。

Hé'll play for↘Éngland↗*óne day.* （かれはいつかイング
ランド代表になりますよ。）

one of these days （そのうち）

one に核強勢または普通の文強勢がくるのが普通です。days
には文強勢よりも弱い，部分的な強勢が置かれる傾向がありま
す。

A: ↘Ányway, ┊ she sénds you bóth her↘lóve, ┊ and
　 says whén are↘yóu going to have a holiday in Skye?
B: Oh, ↗*óne of these days,* perhaps.

（A：いずれにしても，彼女はあなた方御二人によろしくと
申しておりますし，いつ休暇をとってスカイ島へ行くのか，と
言っていますよ。B：ああ，多分そのうちね。）

or something （…か何か）

付加的な語句ですから，文強勢は受けません。

Perháps it's a↘*bákery or something.* （おそらくパン屋さ
んか何かでしょう。）

そのほか, 付加的な...or more, ...or not なども文強勢はと
りません。

It's a húndred and fífty‿míles *or more.*（少なくとも
150 マイルです。）

‿Shé's got a rented set. About twénty póunds a
‿yéar, I think she said. Though it depénds on the síze
of the‿scréen. And of course whéther you have‿cólour
or not.（彼女は貸しテレビを使っています。 年に大体20ポン
ドだと彼女が言ってたと思いますよ。 もっとも大きさによって
も違いますし, カラーテレビかどうかによっても, もちろん貸
出し料は異なるわけですが。）

out of harm's way（安全な場所に）

out, harm's, way がすべて強勢を受けるのが普通です。

It was ríght over the óther síde of the‿shóp. *Óut of*
hárm's‿wáy, ⦙ ‿Í thought.（それは店の反対側にあった
のですがね。 安全な場所だと私は思っていましたが。）

quite a few（かなり多数の）

few だけが強勢を受けます。

I've nóticed *quite a‿féw* places ⦙ where the páints fláked
off com‿plétely.（ペンキが完全にはげ落ちている場所が相当
あるのに気付いています。）

Right you are. (ごもっともです，承知した)

Right と are に強勢がくるのが普通です。それに are の所が上昇調になることが多いようです。

Oh, and I could dó with a cúp of ↘cóffee.──↘*Right you*↗*áre*, Mr. Smith. I'll↘↗gét the coffee ⋮ befóre I stárt on the↘týping. (ああ，それにコーヒーを一杯いただきたいのだが──承知しました，スミスさん。タイプを打つ前にコーヒーを持ってまいりましょう。)

so far (今までのところ)

so だけが強勢を受けます。

I háven't got↘ánything ⋮ ↗*só far*. (今までの所，ぼくは何もないんだ。)

something of that sort (何かそのようなもの)

something と that に強勢が置かれるのが普通です。

The sórt of sínks they're úsing in hóuses↘↗nówadays ⋮ are stáinless↘stéel ⋮ or↘zínc ⋮ or *sómething of*↘*thát sort*. (今頃家庭で使用されている流しは，ステンレスか亜鉛か何かそういったものです。)

...speaking ([電話で] こちらは…です)

電話口で，氏名を名乗る時に重要なのは，speaking という

語でなくて名前の方なので，当然そこに強勢があり，speaking
という語は強勢がありません。

　↘Yés, Mr. Brent. Mrs. ↘Brówn *speaking*. (はい，ブレ
ント先生。こちらはブラウンです。)

talking of（…の話と言えば）

talking は強勢を受けます。

Tálking of ↘↗cámps, ⋮have you gót all the thíngs you'll
↗néed, you two? (キャンプと言えば，二人共必要なものは
みな準備したのですか。)

Tell you what（あのね，（いい話がある））

I ('ll) tell you what と同じ用法・意味を持った成句です。
Tell と what に強勢が置かれ，what は上昇調か下降・上昇調
で言われるのが普通です。

Téll you ↗*whát*, Miss Wright. Whén it gets↗dírty, ⋮
we'll órganize a↘cléaning party for you. (あのねえ，ライ
トさん。汚なくなったら，清掃隊を編成してあげますよ。)

That'll be the day（まさか，そんなことがあるものか）

　That に文強勢がありますが，他の語にはありません。

Áfter↘áll, ⋮he's been véry↘↗hélpful.——Símon↗hélp-
ful?↘↗*Thát'll be the day*. (結局，かれはとても助けになり

ましたよ。──サイモンが助けになったって。まさか。）

that's all（それだけのことだ）

that に強勢がきます。

Oh, he wásn't↘↗húrt.　Júst a bit↘dázed,┊↘↗thát's all.（ああ，けがはしませんでした。ただ一寸目がくらんだだけです，それだけのことですよ。）

that's right（その通り）

that's も right も強勢があります。

No, nót the↘↗squáre tin,┊the↘róund one.↘Thát's ↗right.（いいえ，角ばったかんでなくて，まるいやつですよ。そうそれ。）

ついでですが，all が加わった↘Thát's all↗ríght.（そんなこといいですよ）も同じような強勢と音調パターンをとります。

that's that（それでおしまい）

両方の that が強勢を受けます。

A: Have you gót some↗cóppers?

B: Góod↘Lórd! I↗dón't believe┊I↘háve.　Have↗yóu?

A: ↘↗Sórry.　Nó change at↘áll.

B: Well, *thát's*↘*thát.*

（A：小銭持ってるかい。B：おやおや，ないと思うが。君

は？　A：悪いけど，全然なくて。B：それじゃ，どうにもならないね。）

The fact/trouble/truth is（実は／困ったことに／実は…なのです）

この成句の中心をなす名詞と be 動詞に文強勢があります。その上，成句だけで一つの音調群を作る傾向がありますから，be 動詞が核強勢を受け，下降・上昇調をとるのが典型的なパターンとなっています。

The fáct↘↗*is,* ┊ só many móre people want a↘téle-phone.（実はそれだけより多くの人が電話を欲しがっているわけです。）

The tróuble↘↗*is* ┊ that I don't↘máke much from my ↗sérious work, ┊ so↘script-↗wríting ┊ páys the↘bílls.（困ったことは，私が本気でやっている仕事は余りお金にならず，そこで脚本を書いて勘定を払っている，ということなのです。）

The trúth↘↗*is* ┊ that it was nóthing↘↗óther ┊ than a nót very sevére↘féver he got ┊ after báthing in the↘ríver there.（実は，それはそこの川で泳いだ後に出た，余りひどくない熱にすぎなかったのです。）

trouble を含む成句の場合は the trouble with a person is... という構文になることもありますが，その時には be 動詞に強

勢は置かれず，a person の位置に入る語に核強勢がくる可能
性が強くなります。

The tróuble with↘↗*yóu is* ⋮ you've got nó respéct for
your↘élders. (君にとって困ったことは，君が年長者を敬う気
持がないということだ。)

The only thing is (ただ…である)

上の構文と類似のものですから，音調パターンもそっくりで
す。強勢は only と is が受けます。

The ónly thing↘↗*ís,* ⋮I↘↗mīght get landed ⋮ with twó
after↘áll, ⋮ and I cán't help féeling under the↘↗círcum-
stances ⋮ that twó would be ráther too múch of a↘lúxury.

(ただひょっとして結局（電話が）二つになってしまうかもし
れず，現状では，二つはどちらかと言うと，余りにもぜいたく
である，と思わざるをえません。)

There it is! (ほらあったぞ)

There と is の両方の語に強勢があります。

Now whére did I↘pút it? Ísn't it ón the↗wíndow-sill?
No,↘↗Í know. It's ón the pi↘áno.↘*Thére it*↗*ís!* I re-
mémber I hád to put it dówn↘húrriedly. (さて，どこに置
いたかな。窓の下わくの上じゃないかな。そうじゃない，これ
は自分で分かっている。ピアノの上だな。ほーらあったぞ。大

急ぎで置かねばならなかったことを思い出したよ。）

these days（この頃は）

these だけが強勢を受けます。

And thát's not so ↘éasy ↗thése days, ┊ ↘ís it?（そして，この頃はそれはそれ程容易ではないのです。）

to begin with（先ず第一に）

begin に強勢が置かれます。

Well, géntly ↘↗dóes it, ┊ to be ↘↗gín with.（さて，先ず第一に，おだやかにやることが肝心だ。）

to cut a long story short（かいつまんで話すと）

対比して用いられている long と short が文強勢を受けます。

↘Ányway, ┊ to cut a lóng story ↗shórt, ┊ we wént to the po ↘líce.（いずれにせよ，かいつまんで話すと，ぼくたちは警察へ行ったのです。）

to some extent（ある程度まで）

some のみが文強勢を受けます。

Still, I'm with ↘Ándrews ┊ to ↘↗sóme extent.（それでも，私はある程度までアンドリューと意見が一致しています。）

to tell the truth（実を言えば）

tell と truth の両方が強勢をとります。

To téll the↗trúth, ┊ I'd never↘thóught of having any-
thing except the usual↗bláck thing.（実を言えば，普通の
黒のもの以外は使おうと思ったことはありません。）

What about...?（…はどうですか）

強勢パターンは How about...? の場合と同じです。すなわ
ち，about の目的語が人称代名詞であると，about に核強勢が
あり，What には強勢があることもないこともあります。それ
以外の目的語がくると，What に強勢が置かれ，目的語の最も
重要な部分に核強勢がきます。about はこの場合，強勢を受け
ません。

Whát about↘Cónstance?（コンスタンスはどうなのでしょ
う。）

Whát about a ciga↘rétte-lighter?（ライターはどうだろ
う。）［贈物に］

What a↘bóut them?（それがどうしたのかね。）

What of it?（それがどうしたと言うのだ）

What と of に強勢があり，of に核強勢が置かれます。

You réally wánt to see the↘swímming, ┊ ↘áfter the
show-jumping, ┊ ↘dón't you? ——Well, *whát↘óf it?* It

should be ↘góod. Síx Olýmpic góld ↘médalists are swim-ming. （本当はショージャンプのあとの水泳が見たいのでしょう。──で，それがどうしたと言うの。きっと面白いわ。六人のオリンピック・ゴールド・メダリストが泳ぐんですもの。）

What with...and...（…やら…やらで）

what は文強勢を受けます。

Whát with ↘↗thóse ┊ and the Smiths' áncient ↘↗prímus stove, ┊ we shán't áctually ↘↗stárve, ┊ ↘ór die of thirst. （それらの物やらスミス家の古くさいプライマス料理用ストーブやらで，実際に飢えることも，またのどのかわきで死ぬこともないだろう。）

You are welcome（どういたしまして）

主として，アメリカ英語の用法ですが，welcome に下降の強勢が置かれるのが一般的です。しかし，You の方に核強勢があって，welcome にやや弱い強勢がきて，平坦な調子で終るようなタイプもあります。

↘Thánk you.──*You're* ↘wélcome. （ありがとう。──どういたしまして。）

I réally wánt to ↘thánk you. You've béen a gréat ↘hélp.──*You're móre than* ↘wélcome. （本当にあなたに感謝したいのです。大変助かりました。──いやいや，どういた

しまして。）

 Salesman：…↘Thánk you, sir.

 Customer：↘*Yóu're welcome.*

（店員：どうもありがとうございました。お客：はいどうも。）

[▶ You're は途中までの下降で，welcome は/2/の高さで，平
坦に言われている。]

14。強勢の移動

　最初に述べた通り，実際に話されたり，読まれたりした英語は，今まで説明してきた規則通りになっていない場合も多いことに，気付いた方も少なくないと思います。しかし，原則通りに強勢を受けていないと考えられる時も，それなりに例外のパターンとも言うべきものがあるわけです。この章では，そういう現象を中心に解説してみましょう。

14.1　繰り返された語は強勢を受けない

　すでに触れましたが，発話の中で，重要な情報を持つ語だけが強勢を受け，その他の語は強勢を受けることなく発音されるのが，話し言葉の真の姿なので，直前に口にされた語は，どのような品詞であろうと，強く強勢を置いて発音される可能性は少ないことが，容易に想像されます。

　a.　相手が言った語を繰り返す場合

　次のような初歩的な会話の中にも，典型的な例が見られます。

A: Whát are you ↘lóoking at?

B: I'm *looking* at the ↘dóor.

162

（A：何を見ているの。B：ドアを見ているんだ。）

　すなわち，Aの looking は中心的な強勢をとって，核となっていますが，次のBの looking は既知の情報となっているために，強勢を失っています。そして，新しい情報の door に核が移動しているのは，当然と言えます。対話の中には，この種の強勢の移動がひんぱんに見られるわけです。簡単な例を挙げてみましょう。

A: Hów many ⟍éach?
B: ⟍Twó *each*.

（A：いくつずつですか。B：二つずつです。）

A: Dón't you fínd it ↗stránge, Arthur, with Róbert and Wílliam bóth away from ↗hóme?
B: Yes, ⟍ véry *strange*.

（A：ロバートとウィリアムが二人とも出かけているなんて変に思わないかい，アーサー。B：そうなんです，とても変ですね。）

A: Was it a ↗góod concert last night, Mum?
B: ⟍Véry *good*.

（A：お母さん，昨晩のコンサートはよかった？　B：とてもよかったわ。）

A: Cóld ↗féet? There's nóthing to ↗wórry about.
B: There's ⟍plénty to *worry* about.

（A：おじけづいているって？　何も心配することなんかな

いじゃない。B：心配することは山ほどあるよ。）

b. 同一人物の発話で繰り返す場合

同じ人物が，同一の発話内で繰り返すこともあるし，すぐ次の発話で繰り返すこともあります。

How╲éver,┊mýth or╲nó *myth,*┊they bóth thóroughly ╲révelled in it. （しかし，作り話であろうとなかろうと，二人共すっかりそれを楽しんだわね。）

But I hópe to gét╲móre out of my time here. ╲Múch *more.* （ここ ［＝大学］ にいる間にもっと得たいと思う。はるかに多くのものをね。）

c. 繰り返された語に単数と複数の違いがある場合

名詞が繰り返される場合，単数の語と複数の語の間においてもいずれかが先ず用いられ，その直後に他方が用いられる場合，後から用いられた名詞は旧情報の扱いを受けて，強勢は失います。

But if we hád a sécond-╲◗hánd one,┊we might éven affórd a╲Jág. *Jags* áren't very ex╲pénsive,┊sécond-◗hánd. （もし中古車にするんだったら，ジャガーだって買えるんじゃない。中古だったらそんなに高くないよ。）

d. 同意語または内容的に同一物を指している語を繰り返す場合

二度目に言われた語が，前の語と全く同一というわけはないですが，同意語であったり，内容的に同一であれば，既知の情

報として強勢を失います。

同意語の例としては次のような例があります。

A: The mán can sée the↘bóy. (その男には少年が見えます。)

B: The man↘cán see the *lad*. (確かに見えますよ。)

他動詞と自動詞との間でも，同じ意味内容であれば二回目の語は旧情報となります。

(An airliner has crashed into a heavily populated area of New Orleans in the United States.) Áll on board the plane were↘↗kílled┆and a númber of óthers on the↘gróund┆↘álso *died*.

(乗客，乗組員は全員死亡，地上にいた人も幾人かが死亡した。)

ここでは，were killed は二回目は died という語で置き換えられ，意味の上では繰り返されているので強勢は消失しています。

同意語とは言えないにしても，内容的に同一（人）物を指しているあだ名，別名，ののしり言葉等も二回目に使われている時は旧情報扱いとなります。

When Columbus returned from America, he was much honoured by the King and Queen. One evening the *explorer* was invited to dinner by the *royal couple*.

(アメリカから帰るとコロンブスは，王と王妃から非常に名誉ある扱いを受けた。ある夜この探検家は王様夫妻から晩さん

会の招待を受けた。）

　ここでは the explorer は Columbus, the royal couple は the King and Queen であって，当然強勢はないはずです。

　e. 反意語を繰り返す場合

　反意語と同意語は意味の上では全く逆の関係ですが，もしAとBの二人がいて，AがBに何か売れば，BにとってはAから買ったという関係が生じ，結局品物がAからBに移動したことをどちらの側から見るかによって表現が変わってきます。このような場合，たとえ全く正反対の意味の動詞が二回目に使われたとしても，旧情報として扱われる可能性が出てきます。

　A: I bóught it from ⟍Bíll.

　B: ⟍Whén did he *sell* it to you?

　（A: ビルから買ったよ。B: いつ君に売ったんだろう。）

　次の例も同様で，Derby County が Liverpool に勝ったことは，Liverpool から言えば負けたことになるので，同一の内容を取り上げたことになり，defeat は強勢を受けません。

　A: I've just heard about Derby County's victory over Liverpool.

　B: Thát's Liverpool's ⟍ ⟋sécond *defeat* ¦ this ⟍wéek.

　（A: ダービー・カウンティがリバプールに勝ったというニュースを聞いたところだ。B: それではリバプールは今週2回目の敗戦だね。）

f. 下位語と上位語，部分と全体との間で繰り返しがある場合

分類上，下位に区別される語句のあとで，それよりも上位に位置づけられる語句が使われる場合，その語句は旧情報と見なされて強勢を失うことがあります。

Well, we're not ↘ háving a Jaguar, Simon. It's a ↘↗ wónderful *machine*.┊ but I'd be tóo frightened to ↘ drive it. It's such a ↘ pówerful *car*.

（サイモン，ジャガーは買わないよ。すばらしい車だけど，恐しくて運転できないよ。それほどパワーがすごい車だということだよ。）

Jaguar は machine, car と言い換えられ，共に旧情報となっています。すなわち，machine とか car は Jaguar に対して分類上では一つ上位の語ですが，話し手はそれらに強勢を与えていません。

上と似たような関係に全体と一部の関係があります。すなわち，部分が一度出てくるとその部分を含む全体は旧情報の取り扱いを受けて，強勢を失う可能性があります。

A: John's got trouble with his handbrakes.

B: What sórt of car has he ↘ gót?

（A：ジョンはハンドブレーキの故障でね。B：かれの車はどんなやつ。）

ハンドブレーキと言えば車のことが無条件で頭に浮かんでき

たわけです。

　逆に分類区分の上位の語のあとで下位の語が，または全体を表わす語のあとで部分を表わす語が続けて使用された場合は，旧情報として取り扱われる可能性は少ないようですが，場合によっては可能です。

g. 繰り返された語が派生語の場合

　ある語のあとにその語の派生語が続く時，使われた語そのものよりは，むしろその語の持つ内容のために旧情報となって，強勢を失うことがあります。

A : Márjorie's quite ＼góod at first ↗áid.　She had clásses at ＼schóol, ┊ and she's dóne some ＼núrsing ┊ as ＼wéll.

B : She'd make an ＼áwfully good *nurse.*

（A：マージョリーは応急手当がなかなか上手ですよ。学校でも習ったし，実際に看護をしたこともあるし。B：あの娘はすばらしい看護婦になるよ。）

　マージョリーは応急手当が上手で，学校でそれを習い，何回か実際に看護もしたことがある，という情報と"看護婦の仕事をする人"とは容易に結びつくのです。

　次のような例も大体同じです。

A : Márjorie líkes to ＼ dó things ┊ ráther than ＼↗ réad about them.

B : Nót like ＼↗ Ándrew.　Hé's a ＼grèat *reader.*

（A：マージョリーは本を読んで知るというよりは実際に自

分でやってみるほうが好きなんですよ。B：アンドルーと
は違うね。あの子は読書家だから。）

しかし，このような関係の文脈では，旧情報にするか新情報に
するかは話し手の考え方いかんによることも少なくないので，
こうなっていない例も当然多いわけです。

14.2 意味上の連想を可能にする場合

先に述べたような言語的なつながりはなくても，意味の上か
ら考えて非常に密接な結びつきが存在する時，旧情報として扱
われることが可能なことがあります。

I was driving along the motorway. Suddenly the *car* went
out of control.

（高速道路を走っていたら，急に車の制御がきかなくなって
ね。）

driving は車と結びつきやすく， car が強勢を失います。し
かし，

A: Did you see that lightning just now?

B: No, I didn't hear the thunder, either.

（A：今あの稲光り見た？　B：いや見なかった。雷の音も聞
かなかったよ。）

では thunder は旧情報にならないことに注意しましょう。

どうしてこうなるかというと，稲光りとか雷というものは，
日常生活において車ほど一般的ではないからだと思います。

14.3 情況から見て，既知の情報となっている語は強勢を受けない

　名詞の項で例を挙げましたが，サッカーの試合を見て帰って来た主人と子供に，「いい試合だったの」と妻は尋ねる時，主人と子供がサッカーの試合を観に行ったことを前提として話しているわけで，これも既知の情報と見なされて match と game は強勢を受けないのです。(Was it a ↗góod *match?* Díd you en↗jóy the *game,* Frank?)

　また，Harry という教師に女子学生と馴れ馴れしくなる傾向があることが他の人にもよく知られているような場合，Harry の研究室から若い娘の金切声が聞こえた時，

　Whó's *Harry trying to seduce* ↘this time? (今度はハリーは誰を誘惑しようとしているんだろう。)

という風に隣の研究室にいる者は言うでしょう。すなわち，「ハリーが誘惑しようとする」という箇所は皆から認められている事柄であるから，ということになります。

14. 4 対照のために強勢を受ける場合

二つの事柄などを対比・対照する目的で，強勢を比較的受けることが少ない語にも強勢を与えることがよくあります。人称代名詞の項で，普通強勢を受ける可能性の小さい人称代名詞が，対照を表わすために強勢を受けた例をいくつか見ましたが，この対照による強勢は代名詞に限定されるわけではありません。様々な品詞にも適用されますので，二，三例をつけ加えておきましょう。

Was the pen ↗*ín* the desk, ┆ or ↘*ón* the desk? (ペンは机の中だったのですか，それとも（机の）上だったのですか。) [in と on の前置詞が対比の対象となっている。]

Jóhn ↘*ánd his mother* went. (ジョンとその母親が行きました。) [二人の内一人だけしか行かなかったというのは真実ではありません，という気持。]

I dídn't mean ↘*thé* Channel, ┆ I meant just ↘*á* channel. (イギリス海峡のつもりで言ったのでなくて，ある海峡という意味で言ったのですよ。) [定冠詞 the と不定冠詞 a の対比。]

And the bíg réar ↘ ↗dóor ┆ mákes it so éasy to *lóad* and ↘*únload*. (それに後部に大きなドアーがあるために，荷を積んだり，おろしたりするのがとても簡単になりますよ。) [load と unload を対比させるために，un- に強勢を置いて，本来あるべき (un)load には強勢がなくなっている。]

対照と強勢の関係は密接なので，既知の情報と言えども，そ

こに対比が存在する時には強勢を受けることになります。たとえば，

Jóhn insulted↘*Máry*, ┆ and then *shé* insulted↘*hím*. （ジョンはメアリを侮辱した，そこでメアリがジョンを侮辱した。）

という文では，John と Mary はそれぞれ二回目では him, she で表わされていますが，共に強勢を受けています。

もっとも，対比の観念が見なれない場合でも，次のような文では，二回目に表われた Mary も強勢を受けます。

I know who's standing in front of Máry, but I don't know who *Máry's* in front of. （メアリの前に誰が立っているかは知っているが，メアリが誰の前にいるかは分からない。）

14.5 反駁のために，助動詞が核強勢を受ける

相手の言ったことに対して，内容的に反駁する時，助動詞が核強勢を受けます。助動詞が用いられていない構文では，強調の "do" が使われ，be 動詞が用いられている時は，その be 動詞が強勢を特別に受けます。

One↘néver seems to↗sée them ┆ in the↗shóps here.——Well, I↘*háve* seen them now and↗thén ┆ in the lást ↗yéar or so, ┆ but I believe they↘*dó* ┆ come from a ↘↗bróad ┆ ↘ányway. （ここらの店ではかれらを見かけないように思えますが。——そうね，ここ一年くらい時々見ましたよ。でもかれらは確かに海外からやってくるのだと思いますね。）

I ↘sáy, ┆ ↘dó shut the ↗dóor! There's ↘súch a ↗dráught.
——It ↘*ís* shut. I ↗shút it ┆ when I came ↘ín. (おい，ドア
を閉めてくれよ。透き間風が入ってくる。——ちゃんと閉まっ
ているじゃないの。ここに入ってきた時に閉めましたよ。)

反駁した内容が否定形式をとることもあります。

So you cóme in ↗hére ┆ and waste góod ↗móney ! on a
lót of expénsive Chi ↘nése food. ——It ↘*ísn't* expensive.
(そこで，みんなここへ来て，たくさんのぜいたくな中国料理
にたっぷりお金を浪費するのね。——ぜいたくではありません
よ。)

14.6 強調的に確認した場合に，助動詞が核強勢を受ける

相手または自分が想像したり，心配したりしていることに対
して，現実にその通りであると，be 動詞とか助動詞に核強勢
を置いて強調する用法があります。

A: And ↘ ↗Í had to say, ┆ "I féll off a ↘hórse." It sóunds
so ↘sílly.

B: I dón't see ↗whý.

A: But it ↘*ís* silly. Fancy fálling off a ↘hórse.

(A：そしてぼくが「落馬したんだ。」と言わなければなら
なかったなんて。馬鹿みたいに聞こえるよ。B：どうしてか分
からないけど。A：でも，確かに馬鹿みたいじゃないか。落馬
するなんて考えてもごらん。)

But I'm begínning to gét cold ↘féet about it...I réally ↘*ám* getting cold feet about it.（でも，怖気づき始めたよ。…本当にぼくは怖気づいてきたよ。）

単に強調的に be 動詞や助動詞に核強勢を置いている場合もよくあります。

A: I wónder what's háppened to the thrée ↘bóys. They'd be hére by yésterday ↘téa-time, they said.

B: ↘Yés, ⋮ they ↘*áre* late, ⋮ ↘áren't they? Lét's hope they háven't had an ↘↗áccident.

（A：あの三人の男の子はどうなったのでしょう。昨日のお茶の時間までに来ると言ってたのに。B：そうなんですよ。確かに遅いですね。事故に会っていなければいいのですが。）

be 動詞以外の例を二つ挙げておきます。

I ↘*háve* finished, ⋮ ↗Móther.（お母さん，ちゃんと終っていますよ。）〔普通ならば，I have ↘fínished, ⋮ ↗Móther. となる。〕

I símply ↘*múst* finish this first.（これを先ず終えなければならないのだ。）〔普通は I símply must fínish thís ↘fírst. となる。〕

14.7　感情的色彩が強く反映した強調的陳述文の中で，助動詞等が核強勢を受ける

be 動詞の項で説明しましたが，一種の感嘆的用法の陳述文の中で，be 動詞，助動詞が核強勢を受けます。この時，話し

手の感情的色彩が陳述文の中に含まれていて，ある事柄に対する反応，心的態度がうかがわれます。一般的には強調的と考えられます。

That↘*will* be nice.（きっとすてきでしょうね。）

We↘*háve* enjoyed ourselves.（本当に楽しかったですよ。）

You↘*dó* look pretty.（きれいだよ。）

14.8　二重強勢を持つ語の強勢の移動

　二重強勢を持つ語は，前後にある語の強勢の位置によって著しく影響を受けますが，これはリズムの影響に左右されるわけです。たとえば fóurtéen は単独では二重強勢を持つと考えられますが，直後に強勢のある音節を従えると，fóurteen wómen のように，最後の -teen の部分の強勢は失われます。逆に直前に強勢音節があれば，júst fourtéen のようになって，four- の音節には強勢はきていません。強勢が二つ連続することを避けようとしているわけです。類似の例を挙げてみましょう。

áfternóon　　*áfternoon* téa; Fríday *afternóon*

cléar-cút　　a *cléar-cut* próblem; the próblem was *clear-cút*.

Néw Yórk　　He tákes the *Néw York* Céntral; he líves in *New Yórk*.

sécond-hánd　　*sécond-hand* bóoks; áll *second-hánd*

úpstáirs　　an *úpstairs* báth; wént *upstáirs*

Wéstmínster　　*Wéstmínster* Ábbey; néar *Westmínster*

文の中では，たとえば góod-lóoking は次のように強勢の受け方が変化します。

He's véry good-↘lóoking.

He's a góod-looking↘féllow.

He's a véry good-lóoking↘féllow.

14.9　重要な語が三つ並列して用いられると，真中の語が強勢を失う傾向がある

形容詞と副詞の項で，いくつかの例を見てきましたが，重要な語が三語並んだ場合，すべて強勢を受けることもありますが，リズムをよくする意味から，二番目の語が強勢を消失する傾向があります。この場合，形容詞であろうと名詞であろうと，この通則が当てはまることが多いのです。次の例を見て下さい。

a véry good thíng; nót very góod ［最初の句では good が真中にあるため，無強勢になっており，第二の句では very が強勢を失っている。］

véry much bétter; hót roast béef; there was nóthing going ón.

14.10　最初から情報の中心が主語にあると考えられる場合

普通の文，すなわち文脈化されていない文では，最後の強勢

音節がピッチ変化を受け，核となることが予想されるわけですが，実際では，最初から主語に核強勢が置かれて，他の部分（述部）は，すでに情報としては与えられたものであると言わんばかりに，無強勢で言われることがあります。

その一つは，主語が決まれば動詞も容易に予測がつく場合です。次の文を例として考えてみましょう。

The ↘kéttle's *boiling.* （やかんがふっとうしているよ。）

家庭の中で，やかんのことについて伝達したいことがありうるとすれば，"ふっとうしている"というようなことは，相当可能性のあることだと考えられます。"やかん"と"ふっとうする"とは密接な関係があり，やかんだけを目立たせておいて，残りの結びつきやすい部分は強勢なしですませているわけです。

これに似たような例を二，三あげておきましょう。

The ↘télephone's *ringing.* （電話が鳴っているよ。）

The ↘sún's *shining.* （日が照っている。）

The ↘íce's *melted.* （氷が溶けた。）

次に，人物や事物が現れたり，消えたりすることを述べた文でも動詞の部分に強勢がないことが多いようです。次の文はその例です。

A: Áre you going to ↗shów me the beer mug?

B: Yes, ↘hére it ↗ís, Aunt Anne.

C: ↘Fránk! ↘Quíck! Pút it a ↘wáy. ↘Róbert's *coming.* ↘↗Hé mustn't see it yet.

（A：そのビールのジョッキを見せてくれるの。B：ええ，はいこれ，アン叔母さん。C：フランク，早く，しまいなさい。ロバートが来たよ。かれにはまだ見られてはいけないのだ。）

この会話では，Cは ↘Róbert's coming. と言い，Robert's ↘cóming. とは言っておりません。次も同じような例です。

My ↘kéys've *disappeared*.（ぼくの鍵が無くなった。）

The ↘dóg's *escaped*.（犬が逃げた。）

The ↘proféssor *called round*.（教授が立ち寄られました。）

最後に，不運，不幸をあらわす文ですが，ここでも強勢がよく消失します。

A：Rán out of ↗pétrol?

B：↘Yés.　Ri ↘dículous, ┊ ↘isn't it?　Whén we gót to ↘↗Glásgow, ┊ we séemed to have quìte a ↘lót in hand.　So we púshed ↘ón.

But there múst have been sómething ↘ wróng ┊ with the ↘pétrol gauge, ┊ because the ↘↗néxt we knew, ┊ the ↘éngine had *stopped*.

（A：ガソリンがなくなったって。B：そうなんだよ。おかしいだろう。グラスゴーに着いた時にはたくさん入っていたようだったがね。そこでそのまま行ったわけだ。でもメーターがどこか狂ってたにちがいないよ。というのは気がついてみたらエンジンが止まっていたからね。）

このように自分にとって不利益なこと，不都合なことと解釈

できる場合にこのストレス・パターンをとることがよくあります。次も同じような例です。

　The↘chímney-pot's *fallen off.*（チムニー・ポットがはずれて落ちている。）

　The↘brákes *failed.*（ブレーキが効かなくなった。）

　Your↘tróusers　are　*smouldering.*（ズボンが焦げていますよ。）

用例を引用した文献

Allerton, D. J. "The Notion of 'Givenness' and Its Relations to Presupposition and to Theme." *Lingua* 44 (1978): 133-168.

Allerton, D. J. and Cruttenden A. "Three Reasons for Accenting a Definite Subject." *Journal of Linguistics* 15 (1979): 49-53.

Arnold, G. F. and Gimson, A. C. *English Pronunciation Practice.* London: University of London Press, 1965.

Arnold, G. F. and Tooley, Olive M. *Say It with Rhythm* 1, 2 and 3. London: Longman, 1970, 1971 and 1972.

Ball, W. J. *Steps to Fluency in Spoken English.* Teacher's Book. London: Longmans, 1968.

Bolinger, D. L. *Forms of English: Accent, Morpheme, Order.* (Eds. I. Abe and T. Kanekiyo). Tokyo: Hokuo, 1965.

————. "Accent Is Predictable (If You're a Mind-Reader)". *Language* 48 (1972).

Brown, Thomas E. and Sandburg, Karl C. *Conversational English.* Waltham, Mass.: Blaisdell, 1969.

Chafe, Wallace L. "Language and Consciousness." *Language* 50 (1974): 111-133.

Croft, Kenneth. *A Practice Book on English Stress and Intonation for Students of English as a Second Language.* Washington: English Language Service, 1961.

Drummond, G. *English Structure Practice.* London: Longman, 1972.

Gunter, Richard. *Sentence in Dialog.* Columbia, South Carolina: Hornbeam Press, 1974.

Hill, L. A. *Stress and Intonation Step by Step.* Companion and Workbook. London: Oxford University Press, 1965.

Hornby, A. S. *Guide to Patterns and Usage in English.* 2nd Ed.

London: Oxford University Press, 1975.

Kingdon, Roger. *The Groundwork of English Intonation.* London: Longmans, 1958.

Leech, Geoffrey and Svartvik, Jan. *A Communicative Grammar of English.* London: Longman, 1975.

Lewis, J. Windsor. *People Speaking: Phonetic Readings in Current English.* London: Oxford University Press, 1977.

MacCarthy, Peter A. D. *English Conversation Reader.* London: Longmans, 1956.

O'Connor, J. D. *Advanced Phonetic Reader.* London: Cambridge University Press, 1971.

――――. *Phonetic Drill Reader.* London: Cambridge University Press, 1973.

Palmer, Harold E. and Blandford, F. G. *A Grammar of Spoken English.* 3rd Ed. revised and rewritten by R. Kingdon. Cambridge: Heffer and Sons, 1969.

Pring, Julian T. and Germer, Rudolf. *A New English Phonetic Reader.* Dortmund: Lambert Lensing, 1962.

Schmerling, Susan F. *Aspects of English Sentence Stress.* Austin: University of Texas Press, 1976.

Scott, N. C. *English Conversations.* Cambridge: Heffer and Sons, 1965.

Short, David. *A Guide to Stress in English.* London: University of London Press, 1967.

Tibbitts, E. L. *Practice Material for the English Sounds.* Cambridge: Heffer and Sons, 1963.

――――. *English Stress Patterns: Practice Material.* Cambridge: Heffer and Sons, 1967.

West, Michael. *Easy English Dialogues.* Books 1 and 2. London: Longmans, 1963.

Watanabe, Kazuyuki(渡辺和幸). "The Intonation of Wh-Questions"

(Wh-疑問文のイントネーション).「英語展望」No. 38 (1972).

Watanabe, Kazuyuki (渡辺和幸). "Anaphora and Old Information" (前方照応と旧情報)「滋賀英文学会論集」第 2 号 (1983).

索 引

渡辺和幸（わたなべ・かずゆき）

1932年　岡山市生れ
1956年　岡山大学法文学部英文科卒業
1965-66年　ハワイ大学大学院，ジョージタウン大学大学院留学
武庫川女子大学，滋賀大学教授を経て，京都女子大学教授
専門は英語音声学。著書は「現代英語のイントネーション」
「衛星放送・FEN の英語攻略法」（研究社）
「FEN News ヒアリング訓練」（語研）（渡辺千秋氏と共著）
「コミュニケーションのための英語音声学」（鷹書房弓プレス）

英語のリズム・ハンドブック　新装版

|||||||||||||||||||||||||||||||||||||||||||||||||||||||||||||||||||||||||||||||||||||||||||||||||||||||||||||||||||||||||||||||||||

1985年 3 月20日　改訂初版発行
1992年10月20日　第 2 版発行
2023年 2 月 1 日　新装版発行

著　者　渡辺和幸

発行者　寺内由美子

発行所　鷹書房弓プレス

〒162-0802 東京都新宿区改代町33-17
電話　（03）5261-8470
振替　00100-2-148033

|||||||||||||||||||||||||||||||||||||||||||||||||||||||||||||||||||||||||||||||||||||||||||||||||||||||||||||||||||||||||||||||||||

ISBN978-4-8034-0516-3 C3082